U0922910

中华先烈人物故事汇

张太雷

主编 张树军
副主编 王相坤
编著 徐玉凤

学习出版社

目 录

Contents

引 子 / 001

01 醒世惊雷　复兴中华 / 004

02 剪掉这个尾巴样的东西 / 014

03 救国之路 / 023

04 参加中国共产党的创建 / 031

05 中国共产党驻外工作第一人 / 039

06 一封家书见初心 / 053

07 共青团的重要创始人和领导者 / 059

08 上海大学教师 / 067

09 推动国共合作统一战线 / 073

10 笔杆舌头 战斗武器 / 082

11 智斗蒋介石 / 092

12 要发展我们的脑子 / 102

13 带领湖北省委整军经武 / 105

14 危难时刻 担当重任 / 110

15 牺牲在广州起义前线 / 118

16 良好家风 立德树人 / 132

17 结束语 / 140

引子

在中国共产党的历史上，有这样一位著名英烈，他在党的历史上创造了许多个传奇，有不少是开创性的，应数第一的。

他，是中国共产党第一个牺牲在战斗火线上的中共中央委员、中央临时政治局委员、中央临时政治局常委。

他，是中国共产党派赴共产国际的第一位使者。

他，是以中国共产党党员身份出席国际会议的第一人。

他，是中国共产党领导创建的第一个城市苏维埃政权——广州苏维埃政府的领导者。

他，是现场参加无产阶级革命导师列宁葬礼的为数不多的中国共产党党员。

他，中学、大学，都就读于名校，却由于对

理想信念的坚守，对革命事业的坚持，对不合理现象的抗争，都没有拿到毕业证书。

他，就是张太雷，学名张复，名字中就带有复兴中华之意。

张太雷（1898—1927），中国共产党早期的重要领导人之一，忠诚的共产主义战士，无产阶级革命家，中国共产主义青年团创始人之一和青年运动卓越领导人，广州起义主要领导人。1898 年 6 月 17 日出生于江苏省武进县（今常州市），原名张曾让，又名张椿年、张春木、张泰来；1911 年入江苏常州府中学学习；1915 年考入北京大学，同年冬转入天津北洋大学法科法律系学习；1920 年毕业后，在李大钊指导下，在天津组织社会主义青年团，同年 10 月参加北京的中国共产党早期组织，成为中国共产党党员。

1921 年，张太雷赴苏俄，代表中国共产主义者参加共产国际远东书记处的工作，任共产国际远东书记处中国科书记，同年 6 月陪同共产国际代表马林等来中国筹建中国共产党；1922 年 5 月在中国社会主义青年团第一次代表大会上当选为团中央委员；1923年继续当选为团中央委员，任青年团驻少共国际代表。其间入苏联莫斯科东方劳动者共产主义大学学习；1924年回国后负责团中央工作；1925年1月在中国社会主义青年团第三次全国代表大会上当选为团中央书记。同年中国共产党第四次全国代表大会后被派往广州，担任苏联政治顾问鲍罗廷的翻译和助手；1925年中共两广区委改为中共广东区委，张太雷为区委主要负责人之一；1927年4月至5月任中共湖北区委书记，同年5月在中共五届一中全会上当选为中共中央政治局候补委员，7月至8月任中共中央临时政治局常委会委员。

大革命失败后，1927年8月在中共八七会议上，张太雷当选为中共中央临时政治局候补委员，同月起任中共广东省委书记，11月起兼任省委军委书记，8月至11月任中共中央南方局委员，9月至11月任南方局书记。1927年12月，张太雷参与领导发动广州起义，任广州苏维埃政府代主席、广州苏维埃政府人民海陆军委员。1927年12月12日，张太雷在广州指挥战斗时遭遇敌人伏击牺牲，年仅29岁。

醒世惊雷 复兴中华

张太雷这个名字，并不是其本名。他原名张曾让，字泰来，学名张复，中学时自号长铁，又名张椿年、张春木、张泰来。化名马托春木，笔名大雷、泰雷、春年、之椿等。广为人知的张太雷这个名字，是他参加革命工作之后逐渐用起来的。这些名字的后面，蕴含着他的父亲忧郁不得志的生活经历，蕴含着他清贫困苦的童年生活，更蕴含着他愿作复兴中华之醒世惊雷的远大志向。

1898 年 6 月 17 日，张太雷出生于江苏省武进县（今常州市）一个贫苦家庭。

常州位于长江三角洲西部，是著名的鱼米之乡。自古以来地灵人杰，多年来在这块神奇的土地上孕育造就出许多历史名人。如文学家、经学家段玉裁，著名学者洪亮吉，语言大师赵元任，著名画家刘海粟等。张太雷，则是其中的佼佼者，他与瞿秋白、恽代英一同被誉为“常州三杰”，他们三人都是中国共产党的早期领导人，都为中国革命事业献出了宝贵的生命，为中华民族伟大复兴作出了重大贡献。

张太雷祖辈有的为官，有的从商，家学渊源，人才辈出。高祖父张悦以经商起家，多次捐资赈灾，兴办育婴堂等社会设施，深得地方官员好评，多次呈请朝廷赐名誉职务，是清乾隆年间的太学生。曾祖父张培亦以经商起家，因赈灾捐资，资助军饷，得议叙翰林院孔目，是个九品官吏。祖父张锷，喜好读书，捐得五品衔候选府经历虚职。

张氏兄弟以仁让传家，特别是张太雷的高祖父张悦、张怡兄弟和睦相处，互相谦让。分家产时，弟弟张怡认为哥哥张悦有 4 个孩子，而自己只有 1 个，财产应分 5 份，张悦坚决不同意。弟弟张怡先去世，不久母亲也去世。张悦仍将家财一分为二给张怡之子。此事传为美谈，时武进县令姚莹题赠“仁让风行”匾额，清代著名学者李兆洛书写“仁让堂”三字堂额悬挂。就连他们家居住的里弄，也被称为“仁让里”。

张家世代居住在“仁让堂”，到张太雷的祖父这一代时，张家的经济情况日渐衰落，且人口日益增多，“仁让堂”已经容纳不下越来越多的后代子孙。于是张太雷的父亲张亮采只好搬出象征张家的光荣历史、显赫名誉的“仁让堂”，寄居在岳父薛锦元家里。这种情况在当时是很让人抬不起头来的事情，张亮采经常唉声叹气，心情不佳。他作为一个秀才，虽然得到一个候选县丞衔，但从未得到实职，既未有官俸，也没有其他谋生手段，而岳父开设皮行，家庭经济状况稍好一些。

1898 年 6 月 17 日，张亮采的妻子薛氏在娘家生下一个儿子，这让一直心情郁闷不佳的张亮采欣喜不已，他把一切烦恼抛到脑后，把翻身改变命运、恢复张家荣耀的希望寄托在儿子身上，兴奋地为儿子取名张曾让，这与他无奈搬出的祖居“仁让堂”有关，意即曾经住在“仁让堂”；又转念想起自己寄居岳父家的窘迫状况，想到《周易》中的

“剥极将复”“否极泰来”，希望儿子将来光宗耀祖，重振家声，于是以“泰来”作为儿子的字。出于同样的心情，张太雷的姐姐，1893 年出生的张泰临，其名字“泰临”，也蕴含着其父希望孩子的到来能改变其命运、安泰来临之意。

张太雷出生后的前两年，是在外祖父家度过的，生活倒也平静安稳。1901 年，得益于远房亲戚、时任江西萍乡煤矿总办的张赞宸的引荐，一直想着离开岳父家的张亮采带着妻子和未满 3 岁的张太雷及小太雷的姐姐泰临一起，在八国联军入侵北京之后中国各地兵荒马乱之际，来到江西萍乡煤矿，担任洗煤台文牍一职。张亮采尽心尽力地工作，回到家后，望子成龙的张亮采便亲自教子女读书习字，《三字经》《百家姓》、唐诗宋词及中国历代人物故事，便成为张太雷的启蒙读物。

当时，中国正处于半殖民地半封建社会的深渊之中，内忧外患、灾难深重。从 1840 年至 1905 年的 66 年中，中国人民一直被笼罩在侵略战争的硝烟之中。西方侵略者通过鸦片战争、第二次鸦片战争、中法战争、甲午战争、八国联军侵略等野蛮的战争手段，迫使腐败落后的清政府妥协就范，把中国一步步推入半殖民地深渊。几十年间，西方侵略者通过《南京条约》《马关条约》《辛丑条约》等一个比一个苛刻的不平等条约，强迫中国割地、赔款，贪婪地掠取种种在华特权。不计由外国侵略战争造成的种种破坏，仅战争赔款一项，包含赔款利息在内，中国损失白银十几亿两，而当时，清政府每年的财政收入不过 8000 万两白银。可以想见，当时老百姓的生活有多么艰难，负担有多么沉重！

虽然中华民族陷于如此深重的危机之中，但是中华民族的命运，终究不是帝国主义者所能任意摆布的。面对国家危亡，民族苦难，广大有识之士奋起救国。就在张太雷出生的这一年，1898 年，以谭嗣同、康有为、梁启超为代表的资产阶级维新派以“救亡图存”为号召，发动了一场声势浩大的变法维新运动，试图按照英、日等资本主义国家的模式，在中国实行君主立宪制，以实现资本主义发展。在短短的 103 天中，维新派通过光绪皇帝发布了 100 多道变法诏书、谕令，内容包括保护和奖励农工商业、废除八股文、兴办学校、裁撤冗员、澄清吏治、广开言路、准许组织学会和开设报馆、给予出版言论自由等。但是，由于资产阶级维新派自身力量的弱小，再加上他们所依赖的光绪皇帝又无实权，变法维新运动最终被封建顽固派无情扼杀。“有心杀贼，无力回天”的谭嗣同等被捕杀，血洒北京菜市口。

在张太雷成长的过程中，中国各阶层的有识之士继续进行着变革的努力。在中国共产党成立之前，影响最大的是民主革命的先行者孙中山。1894 年，孙中山在美国檀香山创立兴中会，第一次喊出“振兴中华”的口号。1905 年，孙中山在日本东京发起成立资产阶级革命政党——中国同盟会，制定“驱除鞑虏，恢复中华，创立民国，平均地权”的 16 字革命纲领，首次提出以资产阶级民主共和国取代腐朽专制的清封建王朝的革命目标。广大人民群众不甘于被奴役的命运，自发的反帝斗争在全国各地蓬勃兴起。张太雷，就在这个民族危机日益严重，革命风暴山雨欲来的时期出生、成长。

从1901年到1906年，张太雷随父亲在萍乡煤矿生活了5年。煤矿的工作可以让一家人勉强糊口，张亮采终于摆脱了住在岳父家时不舒畅的心情。可是，新的不幸在向他靠近。在矿区，张亮采虽然不用下井，但是，旧中国的矿区环境很差，污染严重，当时又没有劳动保护和环境保护的概念，在矿区工作的人们很容易得肺病、哮喘病。在矿上工作几年后，张亮采的身体每况愈下。1906年2月的一天，刚过完元宵节，张亮采感觉身子沉重，头晕发昏，经医生救治无效，于2月22日不幸去世。此时，张太雷还不满8岁。

这一场天降灾祸把这个小家庭压得喘不过气来。在同事的帮助下，幼年丧父的张太雷随母亲、姐姐带着父亲的灵柩回到常州安葬。他们一家三口先是住在常州南门外张家祖坟的坟堂屋，只有一间小屋，一张床，一张桌子。家里的顶梁柱轰然倒塌，失去了经济来源，张太雷的母亲只得四处求人揽些针线活，挣几个可怜的铜板度日。张太雷和姐姐白天外出拾柴、给人做零活，晚上借着灶火的微光读书习字，幼年的张太雷初次尝到了人世间苦难的滋味。小太雷读书非常用功，每次读书之后，总要看看桌子上供着的父亲的牌位，心里默默告诫自己一定要用功。

1906 年秋天，张太雷考入西郊两等小学堂，插班读二年级。西郊小学校长马次立为其取学名张复，寓“复兴家业”“复兴中华”之意。带着这个朦胧而又强烈的愿望，张太雷开始了在新式学堂的读书生涯。

这时，张太雷已跟母亲回到外祖父家居住，住处离学校不太远。张太雷很珍惜上学的机会，他每天穿着打了补丁的旧衣服，背着书包走到学校。他安安静静地坐在教室里，带着强烈的求知欲，带着父亲的遗愿，认真读书。当其他同学调皮捣乱时，他不受干扰，集中精力读书。张太雷勤奋好学，每次考评都名列前茅，校长特地批准他免交学费。

他在学校埋头苦读，与同学关系也很好，喜欢在同学当中仿照《三国演义》《东周列国志》等书中的情形，组织同学玩两军对垒的游戏。他爱打抱不平，看到弱小同学受人欺负时，总是挺身而出。放学、放假回到家里时，则懂事地帮助母亲和姐姐做家务，还当起“小先生”，拿出书本，教不能去学校读书的姐姐识字。由于家里生活困难，饭不够吃是常事。母亲和姐姐经常把饭省给小太雷吃。懂事的小太雷看在眼里，记在心里，他肚子饿了，就悄悄地喝几口凉水充饥。

西郊小学坐落在大运河旁，默默流淌、运输繁忙的大运河陪伴着张太雷的读书生活。每天上学路上，张太雷看到运河岸边，运粮的船只来来往往，赤着胳膊的苦力背着沉重的粮包，在摇摇晃晃的踏板上吃力地走着，还不时伴着监工的吆喝甚至打骂。此情此景，他脑海中浮现出幼年时在萍乡煤矿看到的挖煤矿工的痛苦肮脏的身影，以及他那因煤矿污染而得病去世的父亲，幼小的心灵中立下了要改变这种不公正现象的决心。

1914 年前后，张太雷读中学时期，曾受启发于战国时期冯谖的故事，自号“长铗”。战国时期，齐国人冯谖由人介绍做了孟尝君的食客。不久，他弹着剑唱道：“长铗归来乎，食无鱼！”孟尝君得知后，就按照有鱼的标准给他饭吃。不久，他又弹着剑唱道：“长铗归来乎，出无车！”于是他又得到了坐车出门的待遇。就是这个冯谖，在为孟尝君收债之际，将凡是交不起利息的穷户，连本带利一概蠲免，债券当众烧毁，债户们非常感激，孟尝君由此得到他们的拥护，此地的老百姓在孟尝君落难时救了他。张太雷对冯谖免除穷人债务的故事非常赞赏，他以“长铗”自号，希望能成为一个为穷苦百姓谋取幸福平安生活的人。

参加革命后，他改名为张太雷，“太雷”与“泰来”发音相似，但比泰来含意有所升华，有震醒痴顽、抗击强暴之意，表现了张太雷愿把自己化作巨雷、打破封建社会反动统治的意愿，承担起救亡图存、民族解放的重任及中华民族伟大复兴责任的强烈愿望。

剪掉这个尾巴样的东西

张太雷出生于清朝末年，他和当时的男人一样，一直留着象征封建清王朝的长辫子，这个辫子不能剪掉，不然，就会犯杀头之罪。1911 年，辛亥革命爆发，张太雷与瞿秋白等思想先进的青少年学生一起，毅然剪掉了这个象征封建主义、饱含着民族屈辱的尾巴样的东西。他还积极参加各种进步活动，成为学校的积极分子。

1911 年，13 岁的张太雷在常州西郊小学以优异成绩毕业，考入常州府中学堂。常州府中学堂校址在常州东门内玉梅桥南护国寺旧址，是在清末废科举兴办新式学堂时，由常州知府许星璧等人发起筹办，1907 年正式开学。1913 年该校归省办，称为江苏省立第五中学校，1928 年改称为江苏省立常州中学校。这是当时常州唯一的一所新式中学，校内教学设施比较完善。从该校走出的优秀学子有瞿秋白、张太雷等中国共产党早期领导人，也有钱穆、刘半农、吕叔湘等著名学者。

常州府中学堂首任校长是屠宽，是清廷江苏省咨议局议员，字元博，早年留学日本，思想进步，留学期间加入孙中山领导的同盟会，支持资产阶级民主革命，从日本学成回国后，曾在天津师范当教务长。他主持常州府中学堂事务时，聘请了几位思想进步的留日学生与同盟会会员到校任教，团结了一批进步教师。在他主持下，学堂的课程多有改革，设立兵式操课程，时常带领学生操练。他还亲自向学生宣传孙中山、章太炎等人的资产阶级革命思想，向学生介绍邹容、秋瑾及黄花岗七十二烈士的革命事迹。以屠宽为首的秘密革命团体成员有十余人，他们时相秘议，以推翻清王朝封建统治为宗旨，决定联合各地革命党发动起义，推翻清王朝反动统治。

张太雷进入常州府中学堂读书时，这所学堂

已经成为反清活动的秘密机关所在地。他刻苦学习文化知识，成绩非常优秀，英语尤其突出，出色的语言特长成为他日后为中国革命作出突出贡献的重要工具。除了学习文化知识之外，更重要的是，他还受到资产阶级革命思想的影响，在他脑海中，不满于社会现状的反叛意识在逐渐生长。

张太雷喜欢阅读新报刊，探求新知识。他广泛阅读资产阶级革命派编辑的《民呼报》《民立报》《申报》，对于梁启超的《新民丛报》《饮冰室文集》，他也积极阅读。对于欧洲资产阶级启蒙思想家的著作，如卢梭的《民约论》、孟德斯鸠的《法意》、赫胥黎的《天演论》，他都很感兴趣，广泛阅读。他如饥似渴地吸收新知识，学习新思想。对于中国历史上的英雄人物的经历，如岳飞抗金、洪秀全太平天国农民起义，他也极为神往。尤其是听到校长屠宽及其他进步教师讲授革命家邹容、秋瑾等人反抗清王朝反动统治的英勇斗争事迹，张太雷热血沸腾，热泪盈眶。他跑到图书馆，借来邹容的《革命军》，一口气把它读完，被书中豪言壮语感动着，热血沸腾。他愤慨于书中揭露的满清王朝在帝国主义侵略下屈膝投降的软弱："量中华之物力，结友邦之欢心，是岂非煌煌上谕之言哉！中国者，中国人之中国也。割我同胞之土地，抢我同胞之财产，以买其一家一姓五百万家奴一日之安逸，此割台湾、胶州之本心。"他被《革命军》中关于起来革命推翻清王朝的号召激励着："革命者，天演之公例也。革命者，世界之公理也。革命者，争存争亡过渡时代之要义也。革命者，顺乎天，而应乎人者也。革命者，去腐败而存良善者也。革命者，由野蛮而进文明者也。革命者，除奴隶而为主人者也。"读着这些激情澎湃的文字，张太雷久久不能平静。他在思考，古老而伟大的中华民族为什么落后了，应该怎样拯救自己的祖国，应该怎样改变社会现实。

张太雷积极参加学校组织的军事训练，积极参加准备反抗清朝反动统治的武装革命活动。有时深夜紧急集合，他立即从熟睡中爬起来，动作迅速地跑去操练，从来不缺勤。他和同学们互相鼓励，一定要认真上军事操练课。张太雷在常州府中学堂学习的第一年，即 1911 年秋天，孙中山先生领导

反對民族压迫
推翻帝制
為中華民族
生存而斗争
驅除達虏
恢复中華

的伟大的辛亥革命爆发，武昌起义，全国响应，一举推翻了中国两千多年的封建君主专制制度。

受资产阶级革命思想的影响，张太雷一直十分讨厌头上那象征着清朝反动统治和民族屈辱的长辫子。武昌起义前夕，他与同学、好友瞿秋白等不约而同兴奋而坚决地剪下了脑后的细辫子，表示：“尾巴样的东西，留着它毫无道理，我们剪掉它！”

武昌起义爆发后，张太雷还和老师、同学们一起，拿着小旗帜上街游行，欢庆胜利。武昌起义爆发后一个多月，1911 年 12 月，孙中山从海外回到上海，不久从上海赴南京就任中华民国临时大总统。这个消息传到常州，常州军政府组织群众到车站迎送。校长屠元博带领全体师生前往。张太雷怀着敬仰的心情，争着走在队伍的前面，他看到孙中山先生微笑着向人群招手致意，心情无比激动，民国成立了，新的生活要到来了。

民国成立以后的生活，似乎与张太雷的理想不太符合。辛亥革命推翻了满清王朝，皇帝下台了，民国成立了。但革命的成果很快被北洋军阀袁世凯窃取。以袁世凯为首的北洋军阀，是一个代表大地主、大资产阶级利益的庞大的军事集团。辛亥武昌起义后，袁世凯先是在帝国主义支持下以“拥护共和”的高调骗取了以孙中山为首的资产阶级革命派的信任和妥协，窃取了中华民国临时大总统的职位，继而玩弄权术逼迫南京临时政府北迁，打着民国的招牌，以北京为首都建立起北洋军阀的反动统治。之后，立即向由同盟会改组而成的国民党开刀，暗杀国民党政治家宋教仁。孙中山发动讨袁的“二次革命”失败后，被迫流亡海外。袁世凯为取得日本帝国主义对他复辟帝制的支持，竟然于1915年5月9日接受了日本提出的旨在灭亡中国的“二十一条”草案。

“二十一条”草案分为5个部分，第一、二、三部分要求控制中国的山东、东北三省南部和内蒙古东部，控制当时中国最大的包括铁矿、煤矿和钢厂在内的重工业企业汉冶萍公司；第四部分要求中国不得将沿海港湾和岛屿让与或租与他国；第五部分要求中国政府聘用日本人为政治、财政和军事顾问，共同训练警察和合办军械厂等。

袁世凯竟然同意丧权辱国的“二十一条”的消息引起全国人民极大愤慨，群众纷纷集会，要求不承认“二十一条”，誓雪国耻。全国教育联合会决定，各学校每年以5月9日作为“国耻纪念日”。张太雷所在的学校，也加入爱国活动的热潮中。张太雷与老师、同学一起，开展抵制日货活动，轮流在校门口检查师生外出所购之物是否为日货，如有则劝其退还。张太雷还掏出仅有的几个铜板，集资筹建“对日亭”，警示师生、群众勿忘国耻。

张太雷本应于1915年冬在江苏省立第五中学毕业，但在这年暑假之前，学校发生了一起风潮。毕业班有一位叫李子宽的同学，因不服学校的严厉管教，顶撞老师，出言不逊，被校方以“忤逆”为名开除。全班同学提出质问，罢课一周，以示抗议。学校大为恼火，开除5名学生。为了教训其他班级的学生，校方贴出告示：“某班近起风潮，张复、瞿爽（即瞿秋白）素行不谨，与李某相似，如不悔改，下期毋庸来校”。

张太雷平时与李子宽感情融洽，但他并未卷入这次的罢课风潮中。学校把他和瞿秋白也列入另类学生之中，无非是想给他们以警告，让他们老实一点。张太雷对学校殃及无辜的做法深感不满，他不堪受此侮辱，毅然离校。

就这样，在距离中学毕业只有半年之时，张太雷离开了校园。这未免有些遗憾。这件事情的起因是其好友忤逆教师，为训育人员所不满，学校所出布告也只是训诫，并没有开除他们。张太雷出于同学义气及反抗精神而离开学校，这也反映了他性格中刚烈的一面。

与张太雷同时“上榜”的瞿秋白也很窝火，平白成为校方眼里的叛逆形象。暑假后，因交不起学费，瞿秋白也被迫辍学。张太雷和瞿秋白分别踏上了不同的求学道路。若干年后，他们又会合在中国共产党的行列中，都成为中国革命的早期领导人。

救国之路

张太雷离开江苏省立第五中学后，来到北京、天津，先后在北京大学、北洋大学读书。在此期间，他参加了震惊中外的五四运动，经受了革命运动的锻炼；在思想认识上也有了很大的飞跃，认识到只有走俄国十月革命的道路，才能救中国。

1915 年秋，从中学退学的张太雷考入北京大学法科预科。入学不久，他了解到当时北京大学的学制很长，要在预科学习 3 年才能升入本科，这让家庭困难的张太雷感觉到不适合自己。于是，他又考入学制较短的天津北洋大学（今天津大学），在法政科预备班学习。经过半年的预科学习后，于 1916 年秋升入北洋大学，开始系统学习法律本科知识。

此时，张太雷的本意是毕业后担任律师，这

是一个体面而且赚钱多的行业，可以改变他长期贫困的家庭状况。他读书刻苦，才华出众，各科成绩都很好，特别是英文，成绩非常突出。由于家庭清贫，他入学以后，一面读书，一面工作，以解决读书的费用问题。他利用自己的英文特长在该校一位美国教授创办的《华北明星报》担任英文翻译。

张太雷在北京、天津求学的几年中，中国大地正在发生前所未有的重大变化。袁世凯上台后，军阀势力继续利用封建思想禁锢人们的头脑，维护自己的统治。中国思想文化界出现了一股尊孔读经、复古倒退的逆流，诋毁共和制度，诽谤民主思想，严重束缚着人们的思想，扼杀着民族的生机。先进的中国人终于认识到，仅仅靠西方政治制度的移植难以救中国，要从根本上改造中国，必须有思想文化上的觉醒和启蒙。1915 年 9 月，陈独秀在上海创办《青年杂志》（1916 年改名为《新青年》，1917 年迁到北京），在思想文化领域掀起一场以民主和科学为旗帜，向传统的封建思想、道德、文化宣战的新文化运动。“德先生”（民主）和“赛先生”（科学）猛烈地冲击着几千年的封建主义，力争实现名副其实的资产阶级民主共和国。《新青年》成为新一代知识分子的思想阵地，这时已在北洋大学读书的张太雷非常喜欢阅读《新青年》发表的各种宣传新思想、新文化的文章。

1917 年冬，俄国爆发了十月革命。1918 年 11 月，北京大学教授、中国第一个系统传播马克思主义的先驱李大钊在《新青年》杂志发表了《庶民的胜利》和《布尔什维主义的胜利》，热情赞颂十月社会主义革命。张太雷读了这些赞颂十月革命的文章后，深受教育，深以为然。他认识到要使中国人不受帝国主义和封建主义的控制和压迫，就只能走十月革命的道路。他每天利用自修时间，找一些马克思主义的书籍学习，他还秘密翻译了一些介绍俄国十月革命以及十月革命后苏俄面貌的文章。他还对同学李子宽兴奋地说："做人要整个儿改，我以后不到上海当律师了。国家兴亡，匹夫有责。只有走十月革命的路，才能救中国。"

十月革命一声炮响，为我们带来了马克思列宁主义。马克思主义这个思想的火炬犹如壮丽的日出照亮了古老的中国，也照亮了张太雷的内心深处。

张太雷在北洋大学快要毕业的时候，五四运动的爆发，再次改写了他的人生历程。

1919年1月开始，第一次世界大战的战胜国在法国巴黎召开和平会议。这实际上是一次由此时的世界五强即英、法、美、日、意5个帝国主义国家操纵的重新瓜分世界的会议。中国作为战胜国也参加了会议。中国代表提出废除外国在中国的势力范围、撤退外国在中国的军队和巡警、撤销领事裁判权、归还租界、取消中日“二十一条”及换文等正义要求，但都遭到了拒绝。在讨论战败国德国的殖民地问题时，中国代表又提出，战前德国在山东攫取的各项特殊权益应直接归还中国。但日本代表却无理地提出，它在大战期间强占的德国在胶州湾的租借地、胶济铁路以及德国在山东的其他特权，应该无条件让与日本。英、法、美三大国竟然接受了日本代表的提议。中国代表提出抗议，被各帝国主义列强无视。北洋军阀把持的北京政府屈从于列强的压力，竟然准备签字同意。

中国在巴黎和会上外交失败的消息传到国内，中国人民长期积压的怒潮爆发了。5月3日晚，北京大学 1000 多名学生和北京十几所学校的代表，集会于北大法科礼堂，报告巴黎和会的情况。会上群情激愤。与会者声泪俱下，热血沸腾。5 月 4 日，北京大学等 13 所大中专学校学生 3000 余人，到天安门前集会，他们提出“外争主权、内除国贼”“废除二十一条”“还我青岛”等口号，强烈要求拒绝在和约上签字等。震惊中外的五四运动爆发了。

张太雷所在的天津各界爱国人士积极参加五四运动，以各种方式声援北京学生的行动。张太雷积极参加了五四运动，成为天津地区爱国运动的骨干之一。他参加了北洋大学学生组织的演讲团，经常到天津市内和附近城镇乡村进行宣传活动，揭露反动政府出卖山东权益的罪行，呼吁群众团结起来，抵御外侮。张太雷和同学们出外乘船到东大沽演讲期间，忽然遇到狂风突起，海面上怒涛汹涌，他们乘坐的船差点倾覆，团员们的衣服都湿了，但没有一个人因艰险萌生退意。他们到车站附近向群众演讲，听者塞途。他们痛切的言辞，革命的激情，让听众深为感动，不少人主动给他们搬来凳子，沏茶倒水。有听讲的群众还对他们说：“先生讲话真对。能一月来一次，使大家永远不忘才好。”团员们演讲完毕返回时，群众还相聚不散，引颈遥望，意犹未尽。

五四运动期间，张太雷的宣传才能即已初步显露，1919 年 6 月 2 日，他以张曾让的名字在天津《益世报》发表文章《大学讲演之详情》，宣传天津学生分头演讲、发动群众的情况：

“学生自罢课后，分头讲演，收效颇大，一般普通社会，皆知外交失败，以抵制日货共谋挽回者，讲演之力也。”从演讲发动群众的经历，张太雷认识到：“我国人民非无爱国心，第无人开导之耳。”

五四运动如火如荼进行之时，1919 年 6 月 1 日，北京政府接连下了两道命令，一道命令“表彰”被民众斥为卖国贼的曹汝霖、章宗祥、陆宗舆；另一道命令取缔学生的一切爱国行动。这更加激起学生的愤怒。6 月 3 日起，北京学生再次走上街头，遭到政府出动的军警镇压。此后，接连几天，每天都有数百名学生被捕。张太雷得知此消息后，与几百名同学一起按照天津学联事先商定的计划，大胆地撑起校旗，前去南开学校，举行爱国宣誓仪式，随后沿街游行。反动当局派出大批军警包围学校，并派代表劝说学生，不要外出游行。张太雷和同学们高举旗帜，走在队伍前列。学生们高呼口号："誓保国土，誓保国权，誓雪国耻，誓除国贼，誓共安危，誓同终始！"他们赴直隶省公署请愿，提出正义的要求。第二天，反动当局下令封锁天津各个主要学校大门，并在南开学校门前搭起帐篷，严密监视学生动向。张太雷和同学们上前理论，但都被反动军警用刺刀逼回。

学生们赤诚的爱国言行得到社会各界支持和同情。全国各大中城市的工人、学生以及爱国商人均开展了罢工、罢课、罢市。6 月 24 日，天津各界联合会与学生联合会密切合作，成立了抵制日货委员会，举行抵制日货活动。张太雷作为学生代表参加了该会，积极和同学们到各店铺，对商标、包装、品种逐项检查，有时还深入仓库进行检查。在斗争中，张太雷被选为天津学生的联合决策机构——评议会的评议长，负责主持斗争的部署和策略等事宜。

在全国人民以及海外华人的强烈推动下，6月28日，中国代表终于没有出席巴黎和会的签字仪式。五四爱国运动取得了胜利。五四运动是一场中国人民为拯救民族危亡、捍卫民族尊严、凝聚民族力量而掀起的伟大社会革命运动，是一场传播新思想新文化新知识的伟大思想启蒙运动和新文化运动，以磅礴之力鼓动了中国人民和中华民族实现民族复兴的志向和信心。张太雷参加了爆发于民族危难之际的五四运动，作为青年学生，他冲在运动前头，成为这场运动先锋力量的一分子。经过这场斗争的锻炼，张太雷的世界观发生了根本的转变，他成为具有初步共产主义思想的知识分子，在运动中，他结识了李大钊、周恩来等人，为以后走上革命道路打下了初步的基础。

参加中国共产党的创建

中国共产党是带领中国人民谋求民族独立、人民解放和国家富强、人民幸福的主心骨，中国共产党的诞生是中国近代社会矛盾发展和人民斗争深入的必然结果。在中国共产党创建的过程中，张太雷做了大量的工作，作出了重要的贡献。

五四运动后，马克思主义在中国广泛传播，并且日益同中国的工人运动相结合，这个过程，也就是酝酿、准备到建立中国共产党的过程。最早酝酿在中国建立共产党的是陈独秀和李大钊。通过对马克思主义的学习和传播，通过对俄国十月革命经验的学习，通过中国工人运动的实践，他们逐步认识到，要用马克思主义改造中国，走十月革命的道路，就必须像俄国那样，建立一个无产阶级政党，使其充当革命的组织者和领导者。1920 年 2 月，为躲避反动军阀政府的迫害，陈独秀从北京秘密迁移到上海，在护送陈独秀离京途中，李大钊和陈独秀商讨了在中国建立共产党组织的问题。

1920 年春，正当中国的先进知识分子积极筹备建党的时候，经列宁主持建立的共产国际批准，俄共（布）远东局海参崴分局外国处派出全权代表维经斯基等人来华，了解五四运动后中国革命运动发展的情况和能否建立共产党组织的问题。与其同行的有旅俄华人、俄共（布）党员、翻译杨明斋等人。维经斯基一到北京，就会见了李大钊等人。在李大钊的安排下，他们参加了一系列座谈会。正是在维经斯基与李大钊的会见过程中，张太雷发挥了他作为联络员不可替代的作用。

共产国际即第三国际。第一次世界大战爆发后，第二国际破产。1917 年俄国十月革命的胜利，促进了各国共产党的建立，客观形势要求建立新的国际组织。1919 年 3 月 2 日，国际共产主义代表会议在莫斯科召开，来自 21 个国家的 35 个政党和团体的 52 名代表参加。大会宣告第三国际成立，总部设在莫斯科，这就是共产国际。它的任务是宣传马克思主义，团结世界各国工人阶级和广大劳动人民，为推翻资产阶级的统治，建立无产阶级专政，消灭剥削制度而斗争。此后，在列宁的领导下，共产国际在捍卫马克思主义、推动国际工人运动和亚非拉民族解放运动、反对法西斯主义和帝国主义战争、促进国际共运发展等方面作出了重要贡献。1922 年 7 月，中共二大决定参加共产国际，成为它的一个支部。共产国际对中国共产党的成立、大革命、土地革命等提供了大量帮助。但共产国际的错误指导，也给中国革命造成了很大损失。第二次世界大战爆发后，为有效地组织反法西斯斗争，经各国共产党同意，共产国际于 1943 年 6 月正式宣告解散。

张太雷与共产国际工作人员建立联系始于他为《华北明星报》担任编辑工作之时，前文已述，张太雷在天津读大学时，为解决生计问题，协助

《华北明星报》做编辑工作，赚些生活费用。这期间，一位俄籍汉学家柏烈伟（亦译作鲍立维、百禄威等）经该报主编福克斯介绍，得知张太雷擅长英语，于是邀请他担任英语翻译。柏烈伟是俄共党员，东方学家，通晓汉语，五四时期在天津大学当教授，任俄罗斯联邦驻天津的文化联络员。他根据共产国际东亚书记处的指示，肩负着同中国的革命者建立联系的任务。柏烈伟为张太雷任职的《华北明星报》提供稿件，他还让张太雷帮助翻译一些文稿，其中有关于俄国革命的情况。这无形中为张太雷打开了一扇了解俄国革命情况的有益之门。

1920年年初，柏烈伟介绍李大钊认识俄共（布）党员荷荷诺夫金，商讨在中国建党的问题。之后，李大钊与陈独秀通信商讨，得到陈独秀同意的意见后，荷荷诺夫金赶回苏俄进行汇报，于是就有了维经斯基一行来华的后续。维经斯基一行到中国后，先找到柏烈伟，再联系李大钊。接着，又到上海会晤了陈独秀、李汉俊等人，和他们进行了几次座谈，介绍俄国十月革命的情况和对外政策，讨论在中国建立共产党的问题。

在维经斯基等人的帮助下，陈独秀以1920年5月成立的上海马克思主义研究会为基础，加快了建党工作的步伐。1920年6月，陈独秀同李汉俊、俞秀松、施存统、陈公培等人开会商议，决定成立共产党组织，并初步定名为社会共产党，还起草了党的纲领。此后不久，围绕着是用“共产党”还是“社会党”命名的问题，陈独秀征求李大钊的意见，李大钊主张定名为“共产党”，陈独秀表示同意。1920年8月，上海的共产党早期组织在上海法租界老渔阳里2号《新青年》编辑部正式成立。当时取名为“中国共产党”。这是中国的第一个共产党组织。上海的共产党早期组织通过写信联系、派人指导或具体组织等方式，积极推动各地共产党早期组织的建立，实际上起着中国共产党发起组的作用。

在这些交流过程中，英文甚好的张太雷作为柏烈伟的翻译积极参加，他可以直接与维经斯基用英语交流，在李大钊、陈独秀等人与俄共（布）党员交流在中国建立共产党问题的过程起到了联络沟通的重要作用。

因为忙于革命工作，张太雷错过了北洋大学毕业证书的领取。这个毕业证书现在仍然保存于天津大学档案馆，上面清楚写着：“学生张曾让系江苏省武进县人，现年二十三岁，在本校法科法律学门修业期满，考查成绩及格，准予毕业，此证。国立北洋大学校长冯熙运　中华民国九年六月十五日”。

在中国共产党创建过程中，张太雷还直接参加了北京和上海的共产党早期组织的创建工作，成为中国共产党最早的党员之一。1920 年 3 月，李大钊秘密在北京大学建立马克思学说研究会。在五四运动期间即已与李大钊建立了联系的张太雷很快就加入了该会。10 月，北京的共产党早期组织在北京大学图书馆李大钊的办公室正式成立。1920 年年底，北京党组织成立“共产党北京支部”。张太雷加入了共产党北京支部。

在李大钊安排下，张太雷积极联络各地青年，进行建党建团的筹备工作。他到上海与俞秀松等发起组织上海社会主义青年团组织，并参加了中国共产党上海发起组的活动。他到天津和于方舟等人成立马克思主义研究会，进行马克思主义的研究活动，并在天津筹组社会主义青年团。他把在天津组织的马克思主义研究会改为天津社会主义青年团小组，并任该小组书记。青年团小组成立后，出版小型日刊《劳报》，印制分发《共产党宣言》、上海党组织出版的《共产党》月刊，以及李大钊的《我的马克思主义观》等宣传册，积极在工人、学生中开展宣传发动工作。

工人阶级是中国共产党建立的阶级基础。张太雷积极深入工人群众中间开展工作。1920 年冬，北京共产党早期组织在长辛店创办劳动补习学校，张太雷参加了补习学校的创办工作。他与邓中夏等人多次到长辛店找工人积极分子谈话，商量学校创办的具体措施。12 月 19 日，劳动补习学校在长辛店正式召开筹办会议，张太雷和邓中夏等 4 人出席，讨论了学校的简章、预算案和募捐启事，并决定于 1921 年元旦开学。学校开学后，李大钊、张太雷、邓中夏等经常到这里给工人朋友们上课。张太雷讲课非常生动，感情充沛，他熟悉工人生活，了解工人的思想特点，善于启发工人觉悟。

他揭露军阀、资本家榨取工人血汗过着花天酒地的生活，他联系工人正在做的修路、盖房、织布等日常工作，启发工人认识到工人阶级的历史地位和重要作用，他引导工人认识到创造社会财富的劳动群众却过着悲惨痛苦的生活，启发工人认识到团结起来开展斗争的重要性，他还向工人们宣传俄国工人阶级开展十月革命建立了劳动人民自己的国家的革命经历。张太雷联系实际、深入浅出的讲解，使工人很容易明白，阶级觉悟迅速提高，表示要以俄国工人为榜样，团结起来，把地主、资本家统统打倒，由工人起来当工厂的主人、国家的主人。

张太雷经常同李大钊、邓中夏一起深入工人群众家中进行访问，了解工人生活情况。工作中，他们和工人一同吃窝窝头、睡土炕。张太雷还把每个月只有 7 块钱的生活费大部分省下来，买茶叶、糖果，用来招待前来谈心谈话的工人朋友。他们的这种做法和精神使工人深为感动，很快就走进广大工人内心，成为工人的知心朋友。

中国共产党驻外工作第一人

除在国内为创建中国共产党而奔忙，张太雷还受中国共产党发起组的委托，前往俄罗斯，为中国共产党的创建而与共产国际进行联络沟通，成为第一个被派赴共产国际开展工作的共产党人，从这个意义上，我们可以说，张太雷是中国共产党担任驻外工作的第一人、党际之间对外交往的第一人。

在中国共产党建立过程中，维经斯基等人接受共产国际派遣来中国与李大钊、陈独秀建立联系后，双方都认为，有必要派一名中国同志到共产国际，具体参与对中国共产党建党工作的指导。这个任务落到了外语水平很高而且马克思列宁主义理论水平也较高的张太雷身上。1921 年春，张太雷受中国共产党发起组的委托，赴俄国伊尔库茨克共产国际远东书记处任中国科书记，从事共产国际与中国共产党之间的联系工作，向中国共产党传达共产国际执行委员会指示，并以共产国际工作人员身份从事共产国际组织委派的工作。

1921 年 3 月，张太雷到达伊尔库茨克，被任命为远东书记处中国科书记。应该说明的是，张太雷这个中国科书记是临时的，因为他是在中国共产党正式成立之前到共产国际任职的，他的任期到中国共产主义组织的代表大会派出新的书记时为止。共产国际远东书记处设有中国科、日本科、朝鲜科等机构。中国科的工作主要包括两个部分，第一项工作，也是最主要的工作，是在中国本土的工作，指导中国的先进人士从事共产主义的宣传及共产主义组织的建立等工作，第二是在旅居俄国的中国人当中做联合和共产主义教育工作，旨在培训他们从事中国革命工作。

张太雷作为中国科第一任负责人，首先是开始组建中国科，然后立即开展工作。他与远东书记处代表举行多次会议，讨论远东书记处中国科的性质和主旨。作为远东书记处第一任中国科书记，张太雷结合讨论的情况和自己的思考，起草了《关于建立共产国际远东书记处中国支部的报告》，这个报告对中国科的基本职能、人员组成、隶属关系等进行了明确规定，为下一步开展工作提供了基本遵循。

张太雷来到共产国际的主要任务是为建立中国共产党做准备工作。他首先向共产国际远东书记处报告了中国国内共产主义组织的发展情况，起草了向共产国际远东书记处的报告，报告了上海、北京等地共产党早期组织的建立情况，同无政府主义者开展斗争的情况，建立工人夜校、工人俱乐部、产业工人工会的组织情况，以及社会主义青年团的组建情况，出版刊物、报纸进行宣传的情况，等等，还报告了中国共产党早期组织下一步的工作计划，包括进一步加强工会的组织、进一步巩固共产主义者在社会主义青年团中的威信，加强同共产国际的联系，等等。他不但把中国共产党的情况向共产国际报告，而且还编写了有关中国情况的通报，并将这些通报寄到苏俄各家报纸的编辑部。通过这些工作，共产国际进一步加深了对中国共产党创建情况的了解。张太雷为当时的苏俄乃至世界了解中国情况、了解中国共产主义者的情况提供了资料，为召开中国共产党第一次全国代表大会、宣告中国共产党成立奠定了基础。

为筹建中国共产党，张太雷作为共产国际远东书记处中国科书记，除了在苏联开展工作，还陪同共产国际代表往返于中国和苏联之间。1921 年 6 月，张太雷陪同共产国际代表马林和赤色职工国际代表尼克尔斯基来到中国。他们先到北京同李大钊、张国焘等进行了几次会谈。马林建议召集一个全国性的建党会议，李大钊同意这个建议，但他因工作关系，不能离开北京，即由张太雷和张国焘陪同马林等到上海与李达、李汉俊商谈。经过反复的商议，大家同意召开一个全国性的建党会议，正式成立中国共产党。李达、李汉俊同当时在广州的陈独秀、在北京的李大钊通过书信商讨，决定在上海召开中共一大。随即，他们致函北京、武汉、长沙、济南、广州和日本等地的共产党早期组织，征询他们的意见，请他们各派两名代表到上海出席会

议。会前，张太雷为大会筹备组翻译了《中国共产党宣言》草案，提交马林进行修改。

完成这些工作后，张太雷回到伊尔库茨克。在这期间，1921 年 7 月 23 日，中国共产党第一次全国代表大会在上海法租界望志路 106 号（今兴业路 76 号）李汉俊之兄李书城的住宅内召开。出席大会的有 13 名代表，代表全国的 50 多名党员。共产国际代表马林首先致辞，对中国共产党成立表示祝贺。由于法租界巡捕搜查，大会最后一天转移到浙江嘉兴南湖的一艘游船上继续举行。中共一大通过了《中国共产党纲领》，确定党的名称为“中国共产党”，决定设立中央局作为中央的临时领导机构，选举陈独秀担任中央局书记，张国焘负责组织工作，李达负责宣传工作。

中共一大宣告了中国共产党的成立。虽然，这个成立时只有 50 多名党员的党在当时的社会上并没有引起多大的注意，好像什么都没有发生，但是，一个新的革命火种已经在沉沉黑夜的中国大地上点燃了。张太雷虽然没有参加这次代表大会，但他为党的创建做了大量的工作，作出了非常重要的贡献。

在远东书记处，张太雷大部分的工作是有关中国的，除此之外，他还参加了共产国际的其他活动，出席了一些重要会议，并在会议上介绍中国的情况，呼吁世界支持中国革命。1921年6月，他受中国共产党的委托，参加了在莫斯科召开的共产国际三大，这是中国共产党的代表首次出现于共产国际的重要会议上。

张太雷非常重视这次会议，他精心准备了给大会的报告。这篇报告很长，分“中国的政治形势”“经济状况”“知识分子”“社会主义运动”“妇女运动”“中国工人和农民的状况”“中国的工人运动”“中国的共产主义运动”“我们的前景”9个部分。在7月12日的大会第23次会议上，他作了发言，因为给他的发言时间只有5分钟，所以他未能在大会上宣读这个报告。不久报告发表在共产国际远东书记处刊物《远东人民》1921年第3期上。在这个报告中，张太雷报告了中国的政治经济形势、工人运动、妇女运动发展的情况，指出中国正在遭受日本帝国主义带来的种种苦难，“日本的帝国主义政策，支持中国专制统治者和贪得无厌的中国军阀，正在为中国的群众性革命斗争创造一切条件”，中国共产党的“基本目标是加紧把分散的无产阶级力量联合成一些强大的阶级组织，把所有至今还处于分散状态的分子聚集在一起，并把他们吸收到这些组织中来，将他们组成一支无往而不胜的无产阶级革命大军”。在张太雷这个报告提交 10 天以后，也就是 1921 年 7 月 23 日，中共一大在上海开幕了，实现了他在报告中提出的“把分散的无产阶级力量联合成强大的阶级组织”的目标。

除了上述长篇报告，在共产国际三大上，张太雷还参照列宁为共产国际二大草拟的《民族和殖民地问题提纲初稿》，起草了一份《关于殖民地问题致共产国际“三大”的提纲（草案）》。在这份提纲中，张太雷针对部分代表不顾各国不同国情，要求制定统一的共同行动纲领的提法进行反驳，张太雷明确指出，东方国家面临着同帝国主义压迫进行斗争的共同任务。但这个共同任务如何完成，应该考虑各自国家的不同国情。他指出：“从东方各国革命组织的任务，以及领导所有国家民族革命运动的方法来说，不能认为所有东方国家都是完全一样的，因为在东方受压迫国家大家庭的内部有：（一）已经是工业发达的国家；（二）刚刚参加国际性贸易（按其形式来说，尚为初步的）的国家；（三）目前还完全不依附于帝国主义世界资本主义关系的即尚未开化的国家。”由于各个国家的情况不同，所以在上述不同的国家，共产党人必须实行不同的策略。这些建议，反映了张太雷思想的前瞻性，反映了他初步的把马克思列宁主义基本原理同中国革命实际相结合的思想。

张太雷还参加了远东各国共产党及民族革命团体第一次代表大会的工作。这次会议的召开与帝国主义持续的侵略扩张有直接关系。1921 年 11 月 12 日至 1922 年 2 月 6 日，由美国提议在华盛顿召开会议，参加的国家有美、英、法、意、日、比、荷、葡和中国北洋政府的代表团。这次会议实质上是巴黎会议的继续，其主要目的是解决《凡尔赛和约》未能解决的彼此间关于海军力量对比及在远东和太平洋地区特别是在中国的利益冲突。

特别值得一提的是，华盛顿会议上，中国政府迫于国内反帝斗争的压力，提出取消巴黎和会上《凡尔赛和约》关于山东的条款、要求日本放弃“二十一条”等一系列正当的要求。美国不希望日本的力量过于强大，所以中国的一些要求得到了美国的支持。经多方争吵，讨价还价，日中签订了《解决山东悬案条约》及《附约》，规定恢复中国对山东的主权，日军撤出山东，归还胶济铁路，但中国要以铁路产值偿还日本。这样，中国由日本独占变为几个帝国主义国家共同支配的局面。这再次表明了弱国无法真正主宰自己命运的事实。华盛顿会议是巴黎和会的继续，它在承认美国在远东和太平洋地区占优势的基础上，建立了战后帝国主义列强在亚太地区新的国际关系。

为了揭露帝国主义国家利用华盛顿会议进行侵略扩张的本来面目，广泛传播列宁关于民族和殖民地问题的理论，号召远东各被压迫民族开展反帝反封建的民族民主革命，共产国际于 1922 年 1 月 21 日至 2 月 2 日召开远东各国共产党及民族革命团体第一次代表大会。出席这次大会的中国代表团由 44 人组成，其中共产党员 14 人，这是中国共产党成立后第一次正式派团参加大型国际会议。

张太雷参加了大会的筹备工作，并和各国革命活动家共同负责草拟大会的召开方案。他还负责起草了要求亚洲各国的民族革命组织先派代表出席这次会议的呼吁书。在呼吁书中，他号召中国、朝鲜、日本、蒙古等国的劳动者，“由你们自己讲出带有决定性的话”，“把东方劳动人民联合起来对付新的危险”，“争取国家的和平与独立”！当时对邀请的代表范围有分歧，一些人主张召开远东各国无产阶级革命组织的代表大会，张太雷和另一些人则主张扩大范围，邀请中国、朝鲜、日本、爪哇等远东国家的所有革命组织，包括民族主义的组织都能选派代表参会，以显示代表的广泛性。争论结果是，共产国际执委会采纳了张太雷等人的意见，决定召开远东各国共产党及民族革命团体大会。

张太雷还帮助参加会议的代表转道中国赴会。当时的苏维埃俄国被帝国主义封锁，参加会议的日本等国的代表需要经过中国东北地区。当时中国东北地区在亲日军阀张作霖的统治之下。这些代表来到中国后，要秘密越过军阀控制的黑龙江的满洲里车站，越过边境一段距离后，才能到达安全的地方。所以代表们如何越过封锁线是一个大难题。张太雷对于代表们如何越线，如何确定接头地点和方式，如何乔装打扮等问题都进行了仔细的调查研究、细心安排，保证代表们安全往返。

这次大会揭露了华盛顿会议的实质及其瓜分中国的图谋，总结和交流了远东各国人民开展革命斗争的情况和经验。会议根据列宁的民族和殖民地问题理论，阐明被压迫民族所面临的反帝反封建的历史任务，讨论共产党人在民族和殖民地问题上的立场，以及共产党同民族革命政党进行合作的问题，强调吸收农民群众参加民族民主运动的重大意义。这次大会对于帮助中国共产党人认清中国国情和制定民主革命纲领，起到了很大作用。张太雷在这次会议召开过程中表现了充沛的精力以及非凡的组织能力，作为会议的筹备者，他为会议成功召开付出了极大的心血，作出了重要的贡献。

驻外期间，张太雷还参加了对朝鲜、日本等共产党工作的指导，参加了青年共产国际二大等重要会议。1921年5月，朝鲜共产党在伊尔库茨克举行建党大会，张太雷参加了这次会议，他被选为大会主席团成员，并代表中国共产党发起组向大会致辞。在致辞中，他表示，日本帝国主义是朝鲜和中国共同的敌人，击破日本帝国主义侵略是两国人民共同的任务。要达到这一目标，就必须在共产国际领导下，建立起无产阶级的国际联合。

驻外工作期间，张太雷还作为中国共产党、青年团的代表参加了无产阶级革命导师列宁的葬礼。1924年1月21日，噩耗传来，列宁逝世。此时，张太雷正在莫斯科参加青年共产国际工作，任中国社会主义青年团驻青年共产国际代表。23日，张太雷参加迎灵仪式。灵车停在冰天雪地中，军乐队奏起哀乐，在令人心碎的哀乐声中，张太雷走在队伍中，悲痛地跟随抬着列宁灵柩的斯大林、布哈林等人前往工会大厦。张太雷悲伤地低着头，排队走进大厅，为列宁守灵。看着列宁安详沉静的面庞，他泪流满面。27日，他参加了列宁的葬礼。随着送葬的人群，张太雷低头默哀。听着哀乐声声、炮声隆隆，他的心情格外沉痛。

怀着无比悲痛的心情，他奋笔疾书，写下《列宁底死》等文章，生动描述了迎接列宁灵柩、为列宁守灵、送葬的悲哀场面。他悲愤地写道："列宁死了！但是在中国青年的心目中永远活着！"

安葬列宁那天，青年共产国际执委会发表了经张太雷、达林等人讨论起草的《告全世界劳动青年书》，号召欧美工人同远东国家的劳动人民和殖民地的奴隶继续保持和巩固反对世界帝国主义的战斗团结，愿东方被压迫的青年工人同西方青年工人沿着民族和社会解放的道路齐步前进。

作为中国共产党早期组织和青年团的使者，张太雷以其杰出的才能出色地完成各项工作，加强了中国共产党组织同共产国际的联系，加深了共产国际对中国共产党的了解，扩大了中国共产党组织和青年团组织的影响，在国际共产主义运动舞台上展示了中国共产党的形象，也为国际共产主义运动作出了宝贵贡献。

06 一封家书见初心

翻开人民出版社 2013 年出版的《张太雷文集》，第一篇就是张太雷的一封家书，这是保存下来的唯一一封张太雷写给妻子的家信，原件保存于国家博物馆。从这封家书，我们可以看到一个革命者的初心。

这封家书是张太雷 1921 年第一次去苏俄时写给妻子陆静华的信，后来其女儿张西蕾参加革命时将此信带出，为安全起见，将信的抬头和落款都剪掉了，因此，这封信的内容并不完整。

1921 年 2 月中旬，在赴俄途中，张太雷路过哈尔滨，经李大钊介绍，住在东华学校。这个学校的校长邓洁民是进步人士，他赞成列宁的主张，与李大钊是同乡、朋友。在哈尔滨短暂停留期间，张太雷给妻子陆静华写了一封信，表明了自己献身中华民族解放事业的决心。兹摘抄一部分，内容如下：

我此次离家远游并没有什么□□，你们也不必对于我有所牵挂……我立志要到外国去求一点高深学问，谋自己独立的生活。我先前本也有做官发财的心念，所以我想等明年去考高等文官考试；但我现在觉悟：富贵是一种害人的东西。做了官，发了财，难保我的道德不坏。常常在官场中混，替那些不好的人在一起，嫖赌娶妾的事情或不能免……所以我决计外国去游学求一点学问，将来可以享真正幸福，你也可以享真正的幸福，母亲也享真正幸福。但是我们现时不能不尝一点暂时离别的苦，去换那种幸福。你情愿不情愿？我想你是一个明白人，一定是情愿的；并且赞成的……

你可以趁这个时期中用一点功。你一定要进学堂的，所费亦不算多。你第一要选择你所最擅长的功课，学习了可以使你独立。我想你学刺绣及图画一定是好的……这两样东西很有用处，你学好了这两样，你很可以自立了；那时你是一个独立的女子了。比较那种女子只做男子的附属品，要荣耀的多呵……除掉学习刺绣图画之外，你还要学一点普通常识……

我们现在离开是暂时的，是要想谋将来永远幸福，所以你我不必以为是一件可忧的事。我们应该在这时期中大家努力做，寻我们将来永远的幸福，这是一件何等快乐的事呵。我并没有一点忧愁，因为我有这个目的在心中，我希望你也能有同样的心思，一点不忧愁，只用心照我告诉你的用功去。母亲是很能看得开的，你再拿我这一番话说与母亲听，他老人家一定能不牵挂我的。你必要照我告诉你的做，我在外心才能安。我很感激你。我发誓我决不负你。

这是张太雷唯一保存下来的一封家书。这封家书得以保存下来，多亏其女儿张西蕾。全国抗日战争爆发时，15 岁的张西蕾正在苏州女子师范读书。1938 年，她决心继承父亲遗志，去找共产党参加革命。她回常州告别家人，从父亲留下的家书中挑选出这一封第一次去苏俄时写的带在身上，去上海寻找共产党。她到上海后，通过一二·九运动中的同学找到地下党。同学们动员她参加新四军。张西蕾作为难民收容所的一员，从上海先坐船，又步行，到达皖南新四军军部，编入总部教导总队，之后分配到训练处当教员。1939 年年初，周恩来到新四军军部视察，听说张太雷的女儿在新四军，热情接见了张西蕾，并询问张太雷牺牲后他家里的情况，后来又安排陈毅去已经沦陷的常州了解情况。当时，张太雷的母亲已中风瘫痪，无法离家，所以张太雷的妻子陆静华及长女张西屏只能留在家里照顾老人。从此，张西蕾更加珍视这封家书。新中国成立后，她把这封家书交给国家博物馆保存。

张太雷这封家书 2000 余字。这是一位将要去社会主义的俄国学习点“高深学问”的人对妻子和老母亲的家务交代，既充满了家庭亲情，又表达了革命者的心路历程。在这封信中，张太雷剖析了自己思想的转变过程，从原来有过的做官发财的心念，到努力追求真正幸福的生活，为了大多数中国人真正的幸福，他努力地去求索。

20 世纪 20 年代，在北洋军阀的黑暗统治之下，传播马克思主义是不被允许的，是要冒着杀头的危险的。在这种情况下，张太雷从事党组织交给的工作必须保密，不仅在常州的老母亲和妻子不知道，连在北京、天津的同学也不清楚。为了谋求中国社会的改造，为了实现真正的幸福，他要去梦想中的苏维埃俄国，去那里进行党交给的工作。路途遥远，前程未卜，在这种情况下，他又不能不向远在家乡的老母亲和刚结婚两年的妻子有个交代，以免她们过于挂念。何况，家人一直以为他在外求学，希望他从北洋大学毕业后可以谋个一官半职，稍解家庭困境，并能光宗耀祖。而他呢，不但没有去当官，亦没有去当律师，甚至毕业证都没有时间去领取，而是义无反顾地走上了为共产主义理想奋斗的旅程。当时，他的远大的理想并不为全社会理解，对于家人，他亦不能和盘托出，但他又深深地为自己从事的事业而自豪。在这种矛盾的心情中，他给妻子写下了这封信。

正像他在家书中所写的，为了谋将来永远的幸福，他勇敢地跨出国门，代表中国共产党早期组织，参加共产国际会议，参加对建立中国共产党的指导工作。后来，他又多次往返于中国和苏俄之间，往返于中国的大江南北，为国共合作统一战线的建立，为大革命的开展，为同国民党右派作斗争，为南昌起义、广州起义，为挽救革命，不停奔走，直到牺牲在广州起义的火线之上，用生命践行了对初心使命的顽强坚守。

07 共青团的重要创始人和领导者

中国共产主义青年团是中国共产党领导的先进青年的群团组织。张太雷是中国共产主义青年团的创始人之一和青年运动的卓越领导人。在五四运动中，他就是天津地区学生爱国运动的骨干之一。之后，他为共青团组织的发展尤其是为共青团一大的顺利召开做了大量的工作，把全国先进青年组织起来，他还曾担任团中央书记，成为先进青年的领导者。

在中国共产党创建过程中，各地共产党早期组织把创建青年团，组织广大先进青年参加革命运动作为一项重要工作。受李大钊领导的北京中国共产党早期组织安排，从 1920 年夏天开始，张太雷直接参加中国青年团组织的创建活动。1920 年 11 月，他在李大钊指导下，建立天津第一个社会主义青年团组织，任书记。他为该组织起草的团章明确规定团的宗旨在于“研究和实现社会主义”。天津的社会主义青年团成立后，广泛宣传革命思想，推动天津、唐山、长辛店等地的工人运动，先后创办《劳报》《来报》，并分发《共产党》等革命刊物，产生较大社会影响，被誉为“比较彻底的中国青年组织的楷模”。

在党的早期组织领导和推动下，北京、武汉、长沙、广州、太原等地相继成立社会主义青年团。随着青年团组织的不断发展壮大，各地社会主义青年团在初建期间，团员成分很复杂，除了少数信仰马克思主义之外，还有信仰无政府主义、空想社会主义、工团主义以及其他社会思潮的人。不少人参加团组织的动机不纯，有些人是好奇，有些人是为了赶时髦。再加上当时团的性质和任务不够明确，所以一遇问题，就容易出现大家意见不一、争论不休的局面。导致团组织纪律涣散，缺乏战斗力。因此，1921 年 5 月前后，上海及一些地方的团组织停止活动。

中国共产党成立后，中共中央局着手恢复和加强青年团工作。1921 年 7 月，张太雷结束了苏俄的工作任务，在莫斯科参加完青年共产国际第二次代表大会后，受委派回国，负责青年团的恢复和整顿工作。青年共产国际还委派了青年共产国际执委会委员达林参加中国青年团组织的整顿和发展工作。张太雷与达林算是老朋友了，他在共产国际远东书记处工作期间，曾与达林多次合作，彼此比较熟悉。张太雷首先向达林介绍了中国青年团组织的状况，以及施存统、刘仁静等青年中的积极分子。

刚回到祖国，张太雷就找到中共中央局书记陈独秀汇报情况，准备着手发展团组织的初步方案，得到陈独秀等中国共产党领导同志的大力支持。张太雷借鉴青年共产国际和苏俄青年团的工作经验，吸取过去建团的教训，特别注意团的思想建设，于 1921 年 11 月主持制定《中国社会主义青年团临时章程》，确定青年团为信奉马克思主义的团体。临时章程明确规定，青年团“以研究马克思主义，实行社会改造及拥护青年权利为宗旨”，还规定在正式的团中央机关未组成时，以上海机关代理中央职权，名称为中国社会主义青年团临时中央局。对团的宗旨的明确规定促使一部分思想信仰上有分歧的团员离开团组织，一部分人则改变立场，接受马克思主义，取得了思想上的一致，有利于增强团组织的战斗力和凝聚力。

具体工作中，张太雷与邓中夏、俞秀松等人商量如何搞好团的工作。他们认为，应该首先把近于停顿的团组织重新组织起来开展活动。他们四处宣传，组织了对团员的重新登记工作，积极团结那些信仰马克思主义的青年，争取教育那些有模糊认识、倾向进步思想的青年，让那些坚决反对走社会主义道路的形形色色的人离开团组织。经过这些努力，到 1921 年年底，各地团的组织渐渐健全起来，要求加入社会主义青年团的青年日益增多，北京、天津、上海、太原、湖南等地相继建立了团组织。到 1922 年 5 月，上海、北京等 18 个地方建立起社会主义青年团组织，团员总数达 5000 人。随着形势的发展，有必要建立一个全国性的青年团组织，统一领导各地团的工作，推动开展青年运动。

张太雷积极筹备青年团一大的召开。1922年5月5日，在马克思诞辰104周年纪念日这一天，张太雷主持召开中国社会主义青年团第一次全国代表大会。他向大会致开幕词。在开幕词中，他号召先进青年组织起来，成为无产阶级革命的敢死队，联络各种革命势力，打倒在中国的帝国主义，打倒军阀。

在青年团一大上，张太雷当选团的第一届中央执行委员。这次大会宣告中国社会主义青年团正式成立，从此，社会主义青年团成为一个思想统一、组织统一的革命团体。

青年团正式成立后，在施存统、张太雷等领导下，带领广大先进青年，站在党领导的工人运动的第一线。在党领导的安源路矿工人罢工、京汉铁路大罢工中，广大青年都起到了先锋作用，有的青年工人甚至献出了鲜血和生命。

1924年国共合作的统一战线建立后召开的中共四大对青年团的工作提出了新的要求。为贯彻中共四大精神，适应新的革命形势提出的新要求，1925年1月26日至30日，青年团三大在上海召开。张太雷参加了会议，他主持会议并作政治报告，大会动员全体团员贯彻党的四大决议，积极开展青年学生运动。这次大会有一个特别重要的决定，这个决定一直影响到今天，那就是，将中国社会主义青年团改名为中国共产主义青年团。

对于青年团名字的改动，张太雷贡献颇大。他在 1921 年 7 月与俞秀松、陈为人联名向青年共产国际二大提交的中国代表团的报告中，就提出，因为中国社会主义青年团坚持共产主义的原则，建议改名为中国共产主义青年团。

改名，表示中国的先进青年在中国共产党领导下，勇敢地表达自己是无产阶级利益的代言人，亮出自己对于共产主义的信仰，亮出团员共产主义者的本质。在这次会议上，张太雷当选为第三届团中央执行委员，并被选为团中央书记。在团中央书记任上，他主持和组织了纪念孙中山逝世、纪念五四运动、加强对国民党的工作等重要任务，积极组织团员青年参加到大革命的热潮中。

从主持召开青年团一大，正式成立先进青年的组织，到主持召开青年团三大，确定中国共产主

青年團第三次代表大會

义青年团这个名字，张太雷在中国青年运动发展史上做了大量的工作，留下了丰厚的遗产，作出了里程碑式的贡献，他的英名永远镌刻在共青团历史的丰碑之上。

上海大学教师

张太雷还曾担任上海大学的教师，成为革命青年的优秀导师。1924 年，他应党组织的安排到国共合作创办的上海大学教授英文课，为革命培养人才。

上海大学是第一次国共合作时期由国民党和共产党合作创办、共产党实际领导的培养革命人才的高等学府。这所学校的前身是 1922 年成立的私立东南高等专科师范学校。但该校开学不久，校长即卷款逃往国外。全校学生愤而发起改组运动，请老同盟会会员于右任出任校长。于右任建议将学校改名为上海大学，1922 年 10 月，上海大学召开成立大会。1923 年年初，应于右任要求，李大钊推荐共产党员邓中夏担任校务长并主持工作。邓中夏以“养成建国人才，促进文化建设”为宗旨，制定学校发展规划，进行大胆改革，并请瞿秋白担任社会学系主任。李大钊、瞿秋白、蔡和森、恽代英等共产党员经常来校讲课。上海大学培养了大批革命人才，当时有“文有上大，武有黄埔”之说。1927 年四一二反革命政变后，上海大学被国民党军队武力查封。

张太雷在上海大学上课主要是在 1924 年前后，他为同学们讲授英文课。当时，张太雷在同学们中的威信很高，同学们大都读过他发表在《向导》等刊物上的文章，短小精悍、文笔流畅，理论性、政策性、逻辑性都很强。据当时上海大学的学生阳翰笙回忆，当时同学们听说张太雷来给他们上英文课，都很兴奋。他们都知道张太雷英文水平高，就猜想他一定会介绍英国文学或者别的散文、诗歌等方面的东西，如狄更斯的小说或者雪莱的诗什么的。可令同学们没想到的是，教务处通知大家准备的教材是列宁的《论帝国主义》(即《帝国主义是资本主义的最高阶段》)。这对于思想进步的阳翰笙等同学来说，简直是喜出望外。因为他当时虽然已经是大学生，并且已加入了青年团，但是对

帝国主义的本质从理论上认识不深。张太雷用列宁的经典著作给同学们上英文课，自然会受到同学们的热烈欢迎。

讲台上的张太雷，戴着一副近视眼镜，很有学者风度，他那时只有 26 岁，年轻清秀，文质彬彬。他英文水平特别高，口语流利准确。他在讲课文时，总是先用英文讲一遍，再用中文加以解释，对于难懂的地方，不厌其烦地向同学们多次讲解。他讲课时不紧不慢、从容不迫，而且说理透彻，观点分明，富有说服力。他从理论上分析帝国主义的实质，阐明帝国主义必然灭亡的命运，他还以外强中干的英帝国主义为例，分析帝国主义的基本矛盾及其不可避免的命运。

他在上英文课的时候，总会用相当的时间为同学讲当时现实的斗争情况，谈政治上、组织上的重要问题，他特别向同学们指明中国遭受帝国主义侵略的情形，指出帝国主义国家利用中国的封建军阀瓜分中国的实际情形。他分析当时的直系军阀和奉系军阀，背后是英、日两大帝国主义的支持。他还指出，对于国民党右派，帝国主义也在打着主意，提醒同学们要警醒。他还给同学们讲统一战线的必要性和重要性。他在讲课中反复强调，为了反帝反军阀，联合战线非建立不可。当时有不少同学对国民党印象不好，认为他们多是一些官僚政客，不愿意当跨党的党员。张太雷耐心地做同学们的思想工作，他指出，和国民党必须联合，无产阶级与资产阶级、小资产阶级的联合战线必须建立。他要求上海大学的学生，要积极支持国民党的工作，比如为《民国日报》写稿、当记者，以及为以国民党名义办的机关如国民通讯社写稿等，因为如果我们不去干，就会被右派占领了。当然，他还提醒同学们，加入国民党，一定要保持政治上、组织上的独立性，不要被一些官僚政客腐蚀、同化了。

在上海大学，张太雷每周上两到三次课，每次讲两个小时。他能言善辩，思路清晰，用通俗的语言和生动的事例进行讲解，不时融进他对中西文化知识的积累，结合如火如荼的现实斗争实践，把枯燥无味的理论讲得新鲜活泼。他采用启发式的教学方式，喜欢与同学们讨论问题，师生间建立了开展争论的好学风。同学们有不理解的问题就问他，他总是耐心地与同学们讨论。有时有的同学不认同他的说法，他也是和颜悦色，从不急躁，从不生气。有时别人讲了不正确的意见，他也不会因此对这个同学有成见，而是循循善诱地指出学生看法上的错误，让其明白为什么这样想是不对的，让人心服口服。

课堂上，张太雷是同学们的老师，下课后，他就成了同学们的好朋友。他热爱青年学生，总是在繁忙工作之余抽时间到同学中，与大家坐在一条板凳上促膝谈心，有时还到学生宿舍中去看望大家。他与同学们相处得十分融洽，成为进步青年的良师益友。

推动国共合作统一战线

中国共产党成立之后，在中国大地上开展了轰轰烈烈的反对帝国主义、反对封建军阀的革命运动。这场革命运动席卷全国，规模之宏大，发动群众之广泛，影响之深远，都是中国近代革命史上前所未有的。这场革命运动史称大革命，或国民革命。国民革命的一个重大成果是通过进行北伐战争，推翻了北洋军阀的反动统治。这场大革命是在国共合作的统一战线之下进行的，张太雷为国共合作统一战线的形成起到了重要作用。

在中国共产党成立初期，中国仍然处于军阀割据、四分五裂的状态。在各派军阀中，以曹锟、吴佩孚为首的直系军阀势力最强。他们在英、美等国支持下，于1920年的直皖战争和1922年的第一次直奉战争中取得胜利，控制了中央政权。1923年3月，他们在洛阳召开军事会议，加紧推行武力统一全国的计划，再次挑起军阀混战。到1924年，参加军阀混战的兵力达45万人，战火燃烧了全国大部分省区。随着军费的激增，大小军阀在各自统治区巧立名目，横征暴敛，肆意搜刮，广大人民苦不堪言。

中国共产党成立后，领导开展工人运动，发动了香港海员罢工、京汉铁路工人大罢工等斗争，形成中国工人运动的第一次高潮，显示了工人阶级的伟大力量。但同时，京汉铁路工人大罢工遭到军阀吴佩孚残酷镇压，这个教训使刚建立不久的中国共产党认识到，要推翻帝国主义和封建军阀的统治，仅仅依靠工人阶级的力量是不够的，党应该采取积极的步骤去联合孙中山领导的国民党，建立工人阶级和民主力量的联合战线。

当时，中国国民党是一个成分复杂、组织松散的资产阶级政党。自1919年10月改称中国国民党以后，没有举行过一次全国代表大会，没有制定过统一的行动纲领，也没有可以依靠的军队。孙中山和他的一些同志是国民党的主导力量，陈炯明等军阀曾经被孙中山认为可以依靠，但是1922年6月陈炯明叛乱，使孙中山希望落空。他也在寻找新的同盟者。

在这种情况下，国共合作已经成为可能。

在此之前，共产国际向中国共产党和中国国民党都提出了国共合作的建议。1920年，共产国际代表维经斯基在来华跟李大钊等共产主义者见面的同时，也会见了孙中山。之后，共产国际代表马林也同孙中山见面交谈关于中国革命的问题。1921年8月张太雷从莫斯科回国后，担任共产国际代表马林的翻译和助手，陪同马林及青年共产国际代表达林等多次会见孙中山，商谈国共合作等问题。马林在与孙中山、廖仲恺等国民党领导成员的会谈中，讨论了国民党和俄国建立联盟以及国共合作的可能性。在整个会谈过程中，都由张太雷担任翻译。他帮助马林和孙中山沟通，帮助孙中山了解十月革命后俄国的状况，成为两人沟通交流的得力助手。他们对于国民党的改组、创立军官学校、促进国民党与中国共产党的合作等问题交换了意见。

当时，孙中山领导的国民党是中国革命阵营的第一大党，无论历史还是影响力都在国内占有举足轻重的地位。孙中山的追随者也以革命正统自居，对于国内其他政党，不怎么看在眼里。刚刚建立起来的共产党，自然也不为他们看重。而共产党这边，也有不少党员认为国民党性质复杂，脱离群众，不同意与国民党合作。这就造成国共两党合作的一大障碍。张太雷在共产国际、共产党和国民党之间因势利导地进言，对双方都有比较大的影响力，对于国共合作的实现起到了重要作用。

在与孙中山的交流中，张太雷还结合自己长时间做青年团工作的实践，提出把广大青年动员起来投入民族解放运动的问题。孙中山很欣赏张太雷的主张，表示完全支持，愿意和中国共产党合作，并希望先把南方各省的青年动员起来，投入反对北洋军阀的斗争中。

为了建立革命统一战线，1922 年 7 月，中共二大作出《关于“民主的联合战线”的议决案》，提出“我们共产党应该出来联合全国革新党派，组织民主的联合战线，以扫清封建军阀推翻帝国主义的压迫，建设真正民主政治的独立国家为职志。”会后，8月29日至30日，中共中央执行委员会在杭州西湖举行会议，讨论共产党员加入国民党的问题，张太雷与陈独秀、李大钊、蔡和森等出席会议。会上，共产国际代表马林根据共产国际指示，建议中国共产党党员以个人身份加入国民党，实现国共合作。起初，与会的中央执行委员会委员不赞成马林的建议。张太雷以自己亲身体会，肯定孙中山的积极表现，主张共产党应与国民党合作，以建立反帝反封建统一战线。会议经过两天的争论，原则上确定了国共两党合作的方针，决定共产党员以个人身份加入国民党。

西湖会议后不久，张太雷与李大钊、陈独秀、蔡和森等首批共产党员以个人身份加入国民党。同年9月，孙中山约集各省在上海的国民党员座谈改组国民党的问题，张太雷和陈独秀均应邀参加。座谈中，张太雷积极主张国共合作。1923年6月，张太雷参与筹备并出席党的三大。他参加大会文件的起草工作，并在发言中分析了孙中山反对帝国主义和封建军阀的民主主义立场，以及把他领导的国民党改造成工人、农民、小资产阶级、民族资产阶级联盟的可能性，坚决赞成共产党员以个人身份加入国民党，采取党内合作的方式同国民党建立统一战线。大会作出共产党员以个人身份加入国民党、同时保持党在政治上独立性的决定。张太雷为第一次国共合作的实现作出了独特而重要的贡献。会上，张太雷被选为中央候补委员，并受大会委托，起草《青年运动决议案》，提出青年运动为本党重要工作之一。

中共三大以后，张太雷在上海筹备“孙逸仙博士代表团”到苏联考察政治、军事及党务，同时就苏联援助问题进行谈判。代表团由国共两党人员共4人组成，张太雷是共产党代表之一。8月16日，他们从上海出发，9月2日抵达莫斯科。先后会晤了苏联党、政、军各方领导人，并到彼得格勒进行考察，和共产国际代表马林举行了会谈，签署了共产国际对于中国国民党的援助协议，聘请苏联政治和军事顾问来广州帮助中国革命。张太雷还专门向孙中山写了一份报告，介绍代表团在苏联的活动情况。

在中国共产党和苏联顾问的共同努力下，1924年1月20日至30日，中国国民党第一次全国代表大会在广州举行。大会由孙中山主持，李大钊、瞿秋白、毛泽东等20多名共产党员出席会议。这次大会的召开，标志着国民党改组的完成和第一次国共合作的正式形成。这是中国共产党实践民主革命纲领和民主联合战线政策的重大胜利，也是孙中山晚年推进中国革命的一大历史功绩。实行国共合作，有利于国共两党共同推进反帝反封建的民主革命，也有利于两党的发展。张太雷为国共合作的实现，作出了重要的贡献。

1925年中共四大召开以后，张太雷被中共中央派到广州，在国民党中央宣传部工作，任苏联顾问鲍罗廷的翻译。鲍罗廷的办公室设在广州东较场附近的一栋二层楼的小洋房里。鲍罗廷和军事顾问团住在楼上，张太雷住在楼下。楼上还设有一个翻译室，由张太雷负责。白天，国民党以及各方面人士川流不息地来到鲍罗廷的办公室商量问题。这些活动事前都由张太雷负责安排，谈话时他也在现场

國民黨第一次代表大會

担任翻译。当时在广州地区工作的毛泽东、周恩来、邓中夏等共产党人，也经常在张太雷陪同下，与鲍罗廷就中国革命的问题交换看法。鲍罗廷还经常出席各种会议，或向群众发表演说，这些活动也大多由张太雷担任翻译。除了这些公务活动，有时候鲍罗廷对我国的一些具体问题或情况不熟悉，也主动找张太雷请教、商量。张太雷的工作十分繁忙，他每天都是连轴转，以饱满的工作热情、极高的工作效率，出色地完成党中央交给他的任务，为国共合作各项事业的顺利推进，贡献自己的力量。

作为鲍罗廷的助手和翻译，张太雷经常夜以继日地工作，参与或承担整理提供资料、回复咨询、沟通联系、陪同外出、安全保卫等多方面的庞杂而繁重的工作。他还参加省港大罢工的组织领导以及共青团干部的教育培训等多项工作。他和毛泽东、周恩来、陈延年一起，被当时广东的同志公认为4位特别忙的人。

笔杆舌头 战斗武器

新闻宣传是推进工作的重要方式之一。张太雷很重视新闻宣传工作，他善于运用写作、演讲等方式宣传群众、鼓舞群众。他经常说："笔杆和舌头是我们革命者政治斗争的武器，应该不断地运用，不写不讲是不对的！"

张太雷在上学时就开始在《华北明星报》担任记者、翻译，参加党的工作以后，他参与了中央机关报《向导》、青年团机关刊物《先驱》《中国青年》以及广东区委机关报《人民周刊》等报纸杂志的编辑工作，还经常为《前锋》《民国日报》等刊物撰稿。繁忙工作之余，笔耕不辍，写下许多篇富于思想性、战斗性的文章。

1923年前后，张太雷参加了中共中央机关报《向导》的编辑工作。《向导》于1922年9月在上海创刊。中共中央委员蔡和森是首任主编。《向导》一问世，广大读者称颂它是黑暗中国社会的“一盏明灯”，是民众政治生活中的“寒暑表”，是中华民族的“福音”，四万万同胞的“先锋队”“救命符”。

在《向导》的编辑工作中，张太雷分工撰写国际政治、经济方面的文章。据当时和他一起担任《向导》编辑工作的罗章龙回忆，张太雷的观点是:《向导》的文字不一定每篇都好、无懈可击，但总的来说，对革命是一往无前的，有开创精神，如同弧光灯塔，明灭在惊涛骇浪中，起着导航作用。张太雷对编辑工作要求非常严格，他曾经说:“我们要不时地检查《向导》发表的文章，收集读者的批评意见，注意群众反应和影响，真正起到导航作用，切不可漫不经意。”

在具体工作中，张太雷和罗章龙相互校阅对方的文章。当时，共产国际代表马林以孙铎的笔名在《向导》上发表文章。张太雷此时担任马林的翻译，如果发现马林文章中有不当之处，他就立即提出，商请作者同意后进行改正。这样做的原因，张太雷说："国际代表对中国的事情，总不免有些隔阂，我们对他们的文章，更应好好帮助。"

对于将要发表在《向导》上的稿件，张太雷总是反复研究，不断修改，不厌其烦。因为他认为，一文既出，驷马难追，不得不慎重立言。这种严谨细致的工作态度令人赞叹。

张太雷知识渊博，善于议论，他在参加中央局召开的会议时，喜欢在会前、会间和会后与人漫谈，上下古今，话题极为广泛，特别是他善于评论时事、人物，议论风生，颇有独到之处。当年担任会议记录的王熙春经常会把张太雷在会议期间对时事的漫谈记录下来，基本上就是一篇成熟的稿件。

张太雷的文章，政治性很强，逻辑严密，他思考成熟之后才下笔，一气呵成。其文章常带讽刺幽默意味，嬉笑怒骂皆成文章，尤其是讽刺北洋军阀政府当权者，酣畅淋漓，言辞犀利。如1923年6月20日，他发表在《向导》第30期上的《国民党目前之两种责任》一文。文章中，他开门见山，提出国民党应是一个对外谋得民族独立、对内建设人民政权的政党。接着，他形象地描述北洋军阀控制下的北京政局的混乱状况：

不要脸的菩萨已被叫化子赶走天津道，而保定的猴子还没敢坐金銮殿；被开差的张内阁还没有回任，靠洋人的外交系正在用力钻谋；猪仔国会被五花六色的金钱弄得七零八乱无从行使职权；美国上帝的儿子和清朝皇上的家奴，率领着军警在京城横行。

上文中，“不要脸的菩萨”指的是当时担任大总统却没有实权的黎元洪，“保定的猴子”，指的是曹锟。“叫化子”指的是曹锟党羽。“猪仔国会”，指的是曹锟控制并贿选的国会。“美国上帝的儿子和清朝皇上的家奴”，也是指曹锟。张太雷给这些军阀加上这样可笑的头衔称呼，令人看了亦气亦笑。文章把直系军阀曹锟在美帝国主义支持下，唆使其党羽驱赶走了当时的北京政府大总统黎元洪，然后曹锟对国会议员进行各式各样的威胁利诱，准备贿选大总统。把曹锟贿选的重大丑闻，北京政局变化的内幕，言简意赅、生动形象地描述出来，令人读后印象深刻。

张太雷上述文章是揭露北洋军阀政府的，与上文同一期的《向导》杂志，还有其另一篇文章《英国对中国的好意！》，是揭露英帝国主义丑恶嘴脸的。

泰晤士报在一篇《中国之混乱》的评论中说：现在这显明的不可解决的唯一救济就是扩充中国雇用熟练外国人的制度，这制度以前有可赞的成绩。最有用先从警察做起……

外国铁路管理权亦须扩大，扩大到行政上面和财政上面，如此铁路上的一笔大进款不致不到中国国库。

我们应该感谢英国人的好意！

外国租界上的警察官已有极好的成绩，中国人已经聆教过了，不敢再劳。上海乐志华一类的虐待华人案都是外国警官干的。中国的警官绝不敢这样无法无天。

这种外国管理关税，管理铁路就是无形的外国共管中国财政。关税的外国管理已足使外人能左右中国的内政，何况铁路是国家的命脉，倘管理权再扩大而完全属之外人，中国的经济生命就将完全在外人之手了。

张太雷此文以《英国对中国的好意！》命名，极具讽刺意味。他从英国《泰晤士报》关于中国局势解决建议的评论入手，引出对于中国的混乱状况英国人开出的药方，竟然是扩充中国雇用外国人的制度，雇用外国警察，把铁路让外国人管理。张太雷写道："应该感谢英国人的好意！"英国人的此番好意，其实质是什么呢？张太雷明确指出：上海警察虐待华人，为非作歹，中国人已时常见到，中国的关税早就被外国人掌管，英国人借此干涉中国内政。如果铁路也给外国人，那中国的经济命脉就操在外人手里。用这一篇300余字的短文，张太雷把英帝国主义妄图掌控中国经济、内政大权的罪恶目的说得清楚明白。文末，他提出，"土匪的军阀固然不好，强盗的列强尤其可怕。让我们人民自己处置自己的事罢！”

他写文章揭露帝国主义对中国的侵略和屠杀政策，1922年第一次直奉战争爆发，张太雷在《向导》发表《直奉战争和日本与英美的利益冲突》，一针见血地指出，直奉战争反映的是帝国主义日本与英美之间的冲突，中国之所以不能统一是由于列强的对华利益不统一，各扶植一派以培植自己的势力。列强利益不可能统一，中国人民只能靠自己的力量起来把军阀和列强都推倒，方才能有统一的中国。1926年9月5日，英国军舰炮轰四川万县，屠杀中国军民，制造了万县惨案。20日，张太雷在《人民周刊》发表《英兵舰屠杀二千同胞》一文，指出英帝国主义对中国实施炮舰政策的实质，“毁了你的城，杀了你几千人，还要叫你向他赔礼，还要借此实行加重你的压迫。是可忍，孰不可忍！”

大革命后期，对于国民党右派打击压制工农运动的行为，张太雷在其主编的《人民周刊》发表文章加以揭露。比如1926年9月他发表在《人民周刊》第23期的《误会何多？》一文中写道：

国民党左右派中间的斗争，“老党员”认为这是误会；花县民团攻打农会，总司令部派去的伍委员以为这是误会；英兵舰占据长堤码头，英领事亦声称是误会；不知道北伐军与吴佩孚军队大战汀泗桥，亦是误会否？

这一篇小文，不到 100 字，却把国民党右派以“误会”之名行镇压工农运动之实揭露得淋漓尽致。

收入人民出版社 2013 年版《张太雷文集》的有 170 余篇，都是他在极其繁忙的工作之余写出来的。在宣传工作方面，张太雷除撰写大量文章在报刊发表外，他的口才亦非常好，经常到广州农民运动讲习所、黄埔军校以及省港大罢工工人中讲课、作报告、发表演说，分析斗争形势，揭露敌人罪恶，宣传革命思想，以其卓越的演讲才能，教育、唤起和鼓励广大工农群众加入革命阵营，投入到反帝反封建的革命洪流中去。

演讲被张太雷用作革命的武器。在收回汉口、九江英租界的斗争中，在 1927 年 1 月全武汉市召开的庆祝收回租界的群众大会上，苏联顾问鲍罗廷在所居楼房的阳台上发表演说，严词指责英帝国主义为国际海盗，各国外交官听了，不禁骇然。张太雷在旁边作翻译，当时没有麦克风等扩音设备，但张太雷嗓门很大，他用洪亮的声音传达出中国人民群众的最强音，群众听得清清楚楚，热血沸腾，打击了帝国主义的嚣张气焰，大长了中国人民的威风。

他不但自己向群众宣讲，还鼓励同志们大胆做好这项工作。当时，王一知在广州妇女协会宣传部工作，写作、讲演是必须常做的工作。她胆子小，不太敢在群众大会上讲话。张太雷就热情鼓励她，大胆“上阵（指到群众中演讲）”。“上阵”之前，张太雷总是对其演讲的内容进行指点，给予帮助。每次演讲回来，他总会风趣地问：“这一仗打得如何？”如果王一知回答又打败了，他就会说，下次再准备得好些！如果听到回答还可以，他就会很高兴，继续鼓励她说：“你看，我说对了吗？世界上没有难事吧，只要肯练！”

张太雷在其短暂的一生中贡献了大量针对性

强、宣传效果好的新闻作品，向群众发表了大量热情洋溢的演说，称得上是我党新闻事业的先驱者，成为我党早期首屈一指的新闻评论家、宣传家。

智斗蒋介石

国共合作建立以后，中国共产党以国民党名义，领导各地开展工人、农民、学生、妇女等革命运动，全国的革命形势迅速高涨。1925 年爆发了席卷全国的五卅运动。随着革命高潮的到来，伴随着帝国主义、地主买办势力的收买拉拢，国民党内部进一步分化，逐渐形成了以蒋介石为代表的新右派集团。张太雷与蒋介石的反共反革命行径进行了坚决斗争。他写文章智斗蒋介石的故事曾经在当时引起很大反响。

张太雷为什么会与蒋介石“开怼”呢？这是因为蒋介石阴谋破坏国民革命，打击排斥统一战线中共产党的力量。

国共合作建立以后，开展北伐，推翻封建军阀的统治就成为题中应有之义。中国共产党领导的五卅运动充分显示了人民群众的伟大力量，使中国革命形势有了突飞猛进的发展。社会各阶层群众的思想认识空前提高，对帝国主义和封建军阀的憎恨更加强烈，渴望结束已经持续十余年的军阀割据和军阀混战的黑暗局面，实现国家的独立和统一。

当北伐被正式提上国民政府的议事日程之后，时任国民党中央常委、国民革命军第一军军长、黄埔军校校长、广州卫戍司令和国民革命军军事总监的蒋介石，即把北伐作为扩大自己势力、建立个人独裁统治的大好机会，同时，他把正在蓬勃兴起的以共产党为代表的革命力量看作实现自己野心的最大障碍。在北伐战争开始前，他策划了一系列限制共产党、限制苏联顾问、夺取领导权的阴谋活动。“中山舰事件”即其中之一。

1926 年 3 月 18 日，黄埔军校驻省（省城广州）办事处主任欧阳钟称“奉蒋校长的命令”，通知海军局代局长、共产党员李之龙速派有战斗力的军舰到黄埔听候调遣。当李之龙派中山舰开到黄埔后，蒋介石否认有过调舰命令。这时谣言四起，说苏联顾问和共产党要劫持蒋介石，等等。3 月 20

日，蒋介石在广州实行紧急戒严，逮捕李之龙，监视和软禁大批共产党人，解除省港罢工委员会的工人纠察队武装，包围苏联领事馆，监视苏联顾问。这就是“中山舰事件”，又称三二〇事件。

“中山舰事件”发生后，毛泽东、周恩来等提议对蒋介石采取强硬态度。但是当时在广州的苏联布勃诺夫使团不赞成反击，认为左派力量不足以同蒋介石对抗，苏联顾问鲍罗廷也主张对蒋采取和解政策。中共中央主要负责人陈独秀受共产国际驻华工作人员妥协退让态度的影响，错误地认为它是左派内部的许多“误会”造成的，在此认识主导下，中共中央对“中山舰事件”采取妥协态度，接受蒋介石无理要求，撤回第一军中的共产党员。

蒋介石通过“中山舰事件”，不仅打击了共产党，而且也打击了汪精卫和国民党左派，大大加强了他在政治上、军事上的地位。这一事件成为国共统一战线中一个重大的带有转折性的事件。

面对国民党右派破坏统一战线、分裂革命队伍的行径，时任中共广东区委主要负责人的张太雷始终保持清醒的头脑。在“中山舰事件”的前一

廣東革命的危機仍在呵

天，即1926年3月19日，张太雷在中共广东区委机关刊物《人民周刊》发表《广东革命的危机仍在呵》一文。他敏锐地指出："广东已经统一了，反革命的军阀大半已经铲除了，但是广东的危机仍然是存在着呵！一般革命党人醒醒呵！反革命的军阀虽然除去了，但是反革命的基础，民团，土匪，地主，官僚还存在着。""革命同志们，广东的危险仍在呵！去年打倒刘杨后大家以为广东大害已去，可以安然了，不知道那暗幕一揭开，内面不知道一重一重有多少种阴谋与诡计！我们现在又看见这种情形了。同志们，提防着，时时刻刻记着：'革命尚未成功，同志仍须努力！'"

就在他发表这篇提醒同志们提防反革命阴谋文章的第二天，"中山舰事件"就发生了。当时各种传言甚嚣尘上，张太雷听到出事的消息，他非常肯定这里面有阴谋，他说："李之龙决不会叛变，这里面有鬼！"

蒋介石在制造"中山舰事件"时，他更多的目的是在试探，他当时还没有足够的力量分裂统一战线。但是当时苏联顾问和汪精卫都害怕蒋介石分裂，采取了妥协退让对策，向蒋解释说是误会。以陈独秀为总书记的中共中央也没有采取有力措施。

接着，蒋介石得寸进尺，继续采取措施，排斥共产党人。5月15日，国民党召开二届二中全会，蒋介石借口改善两党关系，扬言为避免共产党在国民党内的力量发展引起“党内纠纷”，应有一个“消除误会的具体办法”。于是，他提出所谓的《整理党务案》。其主要内容是：共产党员在国民党高级党部任执行委员的人数不得超过各该党部全体执行委员的1/3，共产党员不能担任国民党中央各部部长，加入国民党的共产党员名单须全部交出，等等。苏联顾问鲍罗廷对蒋介石采取退让态度，竟然同意了蒋介石的要求。出席这次会议的中共党团成员在张国焘的要求下，也同意了。于是，担任国民党中央部长和代理部长的共产党员谭平山、林祖涵、毛泽东等只好辞职。蒋介石的权力进一步膨胀，一手控制了国民党、国民政府和国民革命军的大权。

在苏联顾问和以陈独秀为总书记的中共中央对蒋介石采取退让政策的时候，张太雷没有被裹挟，他保持着清醒的头脑，多次撰文，提醒党内同志要警惕革命阵营发生破裂的危险，要注意革命武装和革命领导权问题。在“中山舰事件”之后，他继续发表文章，揭露蒋介石阴谋。1926 年 5 月 26 日，他在《人民周刊》发表《反动派在广州之活动》，一针见血地指出：“中山舰事件”和整理党务案的发生，“很显而易见的就是那班已开除与未开除的反动派所造成的。他们趁了全国现时反动势力高涨的时候想把革命基础断送。他们每天在党内青年中间放布谣言以‘赤化’恐吓青年们，使青年们产生疑问，于是他们达到离间的目的”。

6 月 10 日，张太雷又在《人民周刊》发表了《到底要不要国民党？》这篇文章。文章回顾了孙中山先生改组国民党的经过，国民党继“整理党务案”之后，排斥、打击共产党的种种行为，指出国民党右派排斥打击共产党的原因是“违反他们私人升官发财的利益，并且违反他们阶级利益，他们啸喊着三民主义，其实他们是反对民族主义的，因为帝国主义于他们是有利益，所以是他们所爱护的，他们是反对民权主义的，因为他们是要卖身与军阀，他们是反对民生主义的，因为他们自己就是剥削民众重困民生的”。他一针见血地指出，国民党右派是要把国民党变成“可以升官发财的而不是领导革命的党”，国民党右派“攻击共产分子不是共产分子的问题而是国民党生死的问题，是整个儿国民革命的问题”。他还大胆地预言：“如果哪个革命同志不相信这话，历史事实自能强迫你相信这话。”他提醒大家，“如果国民党党员，一切革命分子，及人民不起来防止这种阴谋的实现，我们只能看见革命的结合破坏，国民党的势力衰落”。历史的发展确实如张太雷所言，清除了共产党员的国民党，成为大地主大资产阶级利益的代言者，一步步走上反动的与人民为敌的道路，最终被赶出中国大陆，被人民唾弃，失去生机和活力。

张太雷的上述文章，发表在国民党右派向共产党发动进攻，而当时以陈独秀为首的中共中央却采取妥协退让政策的情况之下，让广大共产党员、共青团员等感到出了一口气。

除了写文章，张太雷还向黄埔军校学生作讲演，指出，大批土豪劣绅、官僚政客进到国民党内来，成为国民党内的重要势力，成为国民党右派的基础。右派之所以反共，就是因为他们代表了土豪劣绅、官僚政客的利益。右派是不要革命的，他们要的是升官发财。他清楚地指出，革命政府所在地广东，是革命的根据地，同时也存在着危机。危机的来源就是这些右派反动力量。而且，新老右派联合起来、勾结起来向国民党左派、向革命进攻了。我们要提防敌人的阴谋。

张太雷的言论打中了蒋介石的要害，蒋介石恨得咬牙切齿。他终于撕下面具，向张太雷开骂了。1926 年 6 月 28 日，蒋介石在黄埔军校大礼堂举行的纪念周上，对全体学生训话。他声色俱厉、信口雌黄地大骂张太雷，说张太雷破坏两党关系、引起两党恶感，把国民党员说得没有一个好的。强调这种说法不应该，要少讲。

但是，英勇的张太雷并没有被蒋介石的权势所吓倒，8 月 12 日，他再次在《人民周刊》发表了《关于蒋介石同志对“要不要国民党”误会之解释》一文，指出共产党员加入国民党组成统一战线，是“为国民党做苦力，只要是为国民革命有利益的，总是应当的，不用夸功，亦不用埋怨；不过这事实是要大家明白的，因为这与国民革命是有重大关系的”。他一针见血地指出，国民党党员对共产分子的态度，各以其所代表阶级利益的不同而差别。自从共产党员加入国民党后，国民党内即有一部分反对的，一部分赞成的，一部分取折中意见的。赞成国共合作的是国民党内的真正信仰孙中山三民主义的左派分子，这些是革命的国民党的台柱，而国民党右派分子对共产党员的攻击，最终会导致国民党的“毁党”。在当时国共合作的统一战线尚没有破裂的情况下，张太雷有理有节而又针锋相对地回击了蒋介石的谬论。

张太雷与蒋介石的这场争论，在当时的广东影响很大，特别是在蒋介石任校长的黄埔军校的广大师生，尤其是在进步的学生中，引起了很大的反响。这场斗争，揭露了蒋介石假革命、真反共的真面目，使不少人认清了国民党右派的反动本质，鼓舞了黄埔军校进步师生以及广大的进步人士与以蒋介石为首的国民党右派开展斗争的志气。

要发展我们的脑子

“中山舰事件”后，国民党内逐渐形成蒋介石个人独裁的局面。通过北伐和其他一系列措施，他集党权、政权、军权于一身，专横跋扈，不可一世，终于在帝国主义支持下，发动四一二反革命政变，公然向共产党员和革命群众举起屠刀。在革命的危急关头，为挽救革命，张太雷紧张地工作着。

四一二反革命政变后，大革命处在生死存亡的紧急关头。为讨论如何应对局势，1927 年 4 月 27 日至 5 月 9 日，中国共产党在武汉召开第五次全国代表大会。张太雷参加了这次会议。在会上，陈独秀代表第四届中央执行委员会作了长达 6 个小时的《政治与组织的报告》。报告既没有正确总结经验教训，又没有提出挽救时局的方略，反而继续提出一些错误主张。

中共五大会前，张太雷就对中央应对国民党叛变的不力感到失望，他曾与党内同仁交换意见，认为应该撤换陈独秀，共产党人“不但要发展我们的身体，而且要发展我们的脑子”。

中共五大上，张太雷与项英、李立三等人组成湖北代表团参加会议，张太雷当选为大会主席团成员。在小组讨论时，张太雷在发言中，沉痛回忆了国共合作以来北伐军本来是几经激战，一路顺利，谁知蒋介石到达江苏后即与帝国主义互相勾结，狼狈为奸，发动反革命政变，残酷屠杀共产党员，大好形势，顿时恶化，蒋介石之所以如此，我们大家固有责任，但主要责任是我党领导者不得辞其咎。右倾机会主义者、四届中央局委员彭述之进行分辩，说国共合作是我党一贯正确的政策，这个政策无可厚非。张太雷批驳说，合作固然必要，但合作又应与政策分开，不能因为合作，就把党的政策右倾，如不要搞农民运动，农民运动过火，工人不准武装，一切迁就国民党以图合法生存等，请问这还有什么共产党？还有什么无产阶级？

张太雷与瞿秋白、蔡和森、恽代英、任弼时等同志一起，批评了陈独秀的右倾机会主义错误，支持毛泽东关于进行土地革命、组织工农武装的正确主张，还与其他代表一起酝酿，不再选陈独秀担任总书记。

但是，从总体上，当时的中国共产党对陈独秀的错误的内容和性质，以及对共产国际在指导中国革命中的错误，还缺乏清醒的认识，也由于当时中国共产党尚处于幼年时期，党内还没有形成成熟的中央领导集体，党的五大虽然批评了陈独秀的错误，但是仍然选举他担任中央委员会总书记。

在中共五届一中全会上，张太雷当选为中央政治局候补委员。党的五大是在四一二反革命政变发生后仅半个月这样一个非常时期召开的，全党上下最焦虑、最关切的问题是如何正确认识严峻复杂的形势，如何从危机中挽救革命。但党的五大没有提出有力有效的具体措施，难以承担起挽救革命的重任。

带领湖北省委整军经武

革命的形势还在继续恶化！

四一二反革命政变后，以蒋介石为首的国民党右派从民族资产阶级右翼转变为大地主、大资产阶级的代表。在帝国主义势力支持下，他们纠合国民党老右派以及官僚、政客、买办、豪绅，于1927年4月18日在南京另立国民政府，同保持国共合作的武汉国民政府相对抗，这个时候，北京尚有奉系军阀张作霖控制的政府，一时，中国出现了三个政权对峙的局面。

以汪精卫为首的武汉国民政府面临种种困难，蒋介石对汪精卫采取又拉又打的政策。蒋介石公开叛变后，一直被苏联顾问和中国共产党看作国民党左派的汪精卫也加紧了反共活动。本来，汪精卫与蒋介石都是代表了大地主大资产阶级的利益，他们在对待共产党的态度和主张上并无本质区别，只是在反共的时机与方式上有一些分歧，同时，他们之间由于争权夺利，也存在着矛盾。汪精卫一直以左派面目出现，他口头上声称要坚决执行联俄、联共、扶助农工的三大政策，高喊“革命的往左边来，不革命的快走开去”，但同时又认为，国共合作不可能长久，容共之后，必定分共。

在革命面临生死存亡的危机时刻，以张太雷为书记的中共湖北省委采取了一系列措施。

1927 年 4 月，张太雷任中共湖北区委书记，5 月中旬，改组为中共湖北省委，张太雷任书记。湖北省委驻地武汉，与中共中央、共产国际代表团以及武汉国民政府在一个城市中工作，处于革命的风口浪尖，张太雷每天都感到国共合作的危机四伏。

他带领陈潭秋等湖北省委成员，为挽救革命进行了全面努力。第一是开展城市肃清反革命运动。领导省总工会等机关提出肃清反革命的具体办法，推动此时还站在革命一边的武汉国民党中央军委总政治部开展肃清反革命运动，5月1日至9日，开展肃清反革命运动周，抓获反革命分子、蒋介石暗探数名。第二是严厉镇压乡村土豪劣绅的叛乱行为。第三是坚决维护工农利益，抨击国民党右派对群众运动的污蔑和限制。第四是动员党员干部上山下乡，整军经武，准备应变。湖北省委于6月初制定《关于对国民党及工运、农运之策略要点》，从整军经武、准备应变的指导思想出发，明确提出武装农民"上山"和争取地方武装等策略。

除领导湖北省委对反革命进行反击以外，张太雷还撰写文章澄清是非，鼓舞斗志。6月6日，他在《向导》发表《武汉革命基础之紧迫的问题》一文，指出革命面临的困难是帝国主义勾结中国大资产阶级造成的，批评认为工农运动过火的观点。他明确提出："敌人向我们的进攻，我们是不怕的，我们最怕的是：我们把应对着敌人的枪口来对着我们自己的基本势力示威。"他明确指出：面对反革命分子的猖狂进攻，不应是撤退或解散我们的队伍，而应是整顿与强固我们的队伍，要有组织地进行抵抗。

在日益恶化的形势下，张太雷组织中共湖北省委在武昌举行紧急会议，提出以武汉为中心，发动工农兵武装起义，推翻国民党右派反动政权的建议。然而，这种建议被以陈独秀为首的中共中央否定。

中共中央对国民党右派阴谋活动应变不力的同时，国民党的反共势力在一步步走向联合，国民党右派继续在策划制造反共事变。在蒋介石的分化拉拢下，原来倾向革命的国民军将领冯玉祥也开始右转。1927 年 6 月 10 日至 12 日，冯玉祥与汪精卫、唐生智等在郑州召开会议，汪、唐极力表达对共产党的不满，希望联冯反蒋反共。冯玉祥在会谈中只对武汉方面攻击共产党和两湖工农运动的言论表示赞赏，对蒋介石没有片言谴责，反而一再要求汪、唐等停止宁汉间的对立，同蒋介石联合起来共同北伐。郑州会议后，冯玉祥在蒋介石拉拢下，于 6 月 20 日至 21 日在徐州与蒋介石、胡汉民等南京国民党领导人举行会议，主张国民党南京、武汉双方应在共同反共的基础上继续北伐。冯玉祥完全倒向蒋介石一边，大大加强了蒋的地位，并加速了武汉汪精卫公开反共的步伐。

6月底，武汉盛传唐生智部第35军军长何键即将在当地制造又一个反革命事变。危机四伏的形势下，中共中央政治局和苏联顾问鲍罗廷在慌乱中开会商讨对策，竟然决定武汉的工人纠察队自动缴械。他们以为用这种妥协退让的办法可以使何键找不到制造事端的借口，以此取得武汉国民党的谅解。7月3日，中共中央通过关于国共两党关系的决议。这个决议向国民党作出种种让步，规定共产党的部长可以暂时离开政府，工农群众组织必须受国民党的领导，工农纠察队必须置于国民政府监督之下等。

以陈独秀为首的中共中央在共产国际顾问指导下作出的这些决定，企图以让步来拉住汪精卫。但事实证明，这样做不仅无济于事，反而助长了反革命势力的气焰。把持武汉国民政府的汪精卫集团一天天向南京的蒋介石集团靠拢，随时都有发起反革命事变的可能。

中国共产党面临着前所未有的危险局面。暴风雨马上就要来了。

危难时刻 担当重任

在风雨欲来的时刻，张太雷于1927年7月担任中央临时政治局常委会委员，在危难时刻承担起力挽狂澜的重任。在张太雷短暂的一生中，这是他担任过的最高职务。

在国民党蒋介石南京政府步步紧逼，武汉政府亦逐步走向反动，中共中央对应变缺乏对策之时，党内绝大多数干部对陈独秀的领导越来越不满。这时，共产国际发来指示，指出武汉国民党上层转到工农的敌人营垒中去了，对陈独秀不能承担起挽救革命的重任表示不满，提出改组中共中央，并明确要求中国共产党公开宣布退出国民政府，开展土地革命，武装工农。

7月12日，为了挽救党，挽救革命，根据共产国际执行委员会的指示，中共中央进行改组，撤销了陈独秀总书记的职务，由张国焘、李维汉、周恩来、李立三、张太雷组成中央临时政治局常务委员会。张太雷作为五人常委之一，承担起危急关头继续革命的重担。

进入中央常委之前，张太雷关于如何应变的思路就已经非常明确。那就是：工农群众是革命的基本势力，必须整顿与强固我们的队伍，有组织地抵抗反革命的进攻。特别是对于农民，他明确指出，必须积极领导农民，一定要帮助农民铲除封建势力，给农民以政治上经济上的出路。

在领导湖北省委工作时，张太雷就是以上述明确的思路领导了湖北省在革命危机来临时的革命活动，进入中央常委后，他与周恩来、李维汉、李立三等一起，日夜不停地工作着。

7月13日，中共中央发表对政局宣言，谴责武汉国民党中央和国民政府的反动行径，宣布撤回参加国民政府的共产党员，同时严正声明，中国共产党将继续支持反帝反封建的革命斗争，愿意同国

民党的革命分子继续合作。这个宣言对振奋党内的革命精神起了积极作用。

7月15日，汪精卫彻底撕下了他“左派”的面纱，武汉国民党中央召开“分共”会议，决定同共产党决裂，彻底背叛了孙中山先生制定的国共合作政策和反帝反封建纲领。随后，汪精卫集团对共产党员和革命群众实行大逮捕、大屠杀。国共合作发动的大革命宣告失败。

在革命的危机关头走上中央领导岗位的张太雷从容不迫地工作着，他有条不紊地处理着大量的事情。局势愈紧张，他的工作态度愈显镇静而坚定。逆境最能考验一个党、一个人的素质。在跟一位当年的同志告别时，张太雷从容而坚定地说：暴风雨来了，我们要随时准备应变。

张太雷参加的五人常委主要决定了3件大事，第一，南昌起义。第二，八七会议。第三，秋收起义。现在看来，每一件，都是关系党和革命前途命运的大事。这3件大事中，张太雷参与较多的，是前两件。

第一件大事，南昌起义。从南昌起义的决策、准备到接应，张太雷多参与其中。1927 年 7 月中旬，张太雷等五人常委决定派遣常委之一的李立三和邓中夏、谭平山、恽代英等赴九江，准备组织共产党掌握和影响的国民革命军的一部分力量，联合第二方面军总指挥张发奎重回广东，建立新的革命根据地，实行土地革命。7 月 20 日，因发现张发奎已经站在汪精卫一边，李立三等立即抛弃依赖张发奎的计划，提议立即发动南昌起义。中央临时政治局常委会在获悉李立三等人的提议后，正式确定了在南昌举行武装起义的部署。

部署确定之后，需要向共产国际报告起义计划。这个任务落在了一直担任共产国际顾问鲍罗廷翻译的张太雷身上。此时，共产国际代表鲍罗廷还在中国，他正和瞿秋白一起在庐山，待新任代表罗明纳兹来华后，即卸任代表一职。张太雷化装离开武昌，来到九江、庐山。他向鲍罗廷、瞿秋白说明了临时中央的部署计划。几天后，李立三也匆忙赶到庐山，带来了准备举行南昌起义的建议。鲍罗廷对起义能否成功存有疑虑，他特意让张太雷把比较熟悉张发奎部队情况的聂荣臻叫来，通过张太雷的翻译，了解起义部队的准备情况。

7月底，共产国际新任代表罗明那兹来到，鲍罗廷与他进行各种交接后离开中国。张太雷继续在中共临时中央与罗明纳兹之间进行联络沟通工作。国际代表同意中共临时中央关于南昌起义的意见，并向莫斯科报告。

后来，罗明纳兹收到莫斯科来电，“如果有成功的把握，我们认为你们的计划是可行的”。他立即召集张太雷、瞿秋白等人开会。临时中央分析形势后，认为南昌起义有成功的把握，决定派张国焘去南昌传达共产国际和中共中央的指示。

张国焘7月30日到南昌后却仍对张发奎存有幻想，主张一定要得到张发奎同意才能举行起义。这个意见被起义前敌委员会否决。8月1日，在以周恩来为首的前委领导下，南昌起义爆发。南昌起义打响了武装反抗国民党反动派的第一枪，用血与火的语言，宣告了中国共产党人不畏强暴、坚持革命的坚强决心。这次起义的成功举行，张太雷作出了很大贡献。

张太雷对南昌起义的贡献，还在于起义爆发

后向广东进军途中，他做的接应工作。这项工作也是他领导准备广州起义的组成部分。

第二件大事，八七会议。为了审查和纠正党在大革命后期的严重错误，决定新的路线和政策，召开一次会议成为必需。张太雷作为五人常委之一，筹备召开这次会议成为他的一项重要工作。

筹备召开会议，首先面临的是与共产国际新任代表的沟通问题。八七会议筹备阶段，共产国际代表已经是罗明纳兹。这位代表年轻气盛，理论水平较高，但对中国革命实际情况并不十分了解。他刚来到中国时，态度异常严厉，主张立即惩罚陈独秀、谭平山等人，对张太雷、李维汉等人亦严厉批评。对于这个与自己同龄的盛气凌人的国际代表，张太雷客气婉转地向他介绍有关情况，就农民斗争、武装起义、职工运动以及党的领导机构组成、大革命失败的责任等问题交换意见。结果基本达成得到大家认同的意见，大革命失败的责任主要由中共中央来承担，决定以后要实行中央决策层的集体领导，以避免陈独秀家长式的作风和命令主义，确定要在新的中央领导层中增加工人成分等。

对于紧急会议的议程，张太雷与其他同志加紧商议，并以各种方式通知难以来开会的广东省委等同志。

经过紧张筹备，1927 年 8 月 7 日，中央紧急会议在汉口召开。会议总结大革命失败的教训，确立了实行土地革命和武装起义的总方针。会议选出中央临时政治局。张太雷被选为政治局候补委员。

八七会议及时召开，制定出继续进行革命斗争的正确方针，使全党没有在极其严重的白色恐怖面前惊慌失措，重新鼓起同国民党反动派斗争的勇气，为挽救党、挽救革命作出了重大贡献。

八七会议后，张太雷前往广州，具体领导广东的暴动工作。

从 1927 年 7 月中旬担任中央临时政治局常委，到八七会议上再次当选为政治局候补委员，张太雷在中央临时政治局常委任上，兢兢业业，宵衣旰食，尽职尽责，为中国革命实现从大革命失败到土地革命兴起的重大历史转折作出了重大贡献。

牺牲在广州起义前线

面对国民党右派背叛革命，中国共产党从失败中奋起，在革命烈火中继续经受考验，领导中国革命走上新的复兴之路。党的八七紧急会议，确立了土地革命和武装起义的总方针。广州起义，是与南昌起义、秋收起义齐名的我们党独立领导的三大起义之一。广州起义的领导人，就是张太雷。

大革命失败后，中国共产党总结了革命失败的教训，认识到中国革命已经发展到了一个以农村革命为中心的新阶段。1927 年 8 月 3 日，中共中央在《关于湘鄂粤赣四省农民秋收暴动大纲》中，明确规定在湘鄂粤赣四省开展农民暴动。在党的八七紧急会议上，张太雷被选为中央临时政治局候补委员。会后，中央临时政治局为加强对广东、广西以及闽南等地武装斗争和政治军事工作的领导，8月11日，决定由张国焘、周恩来、张太雷、彭湃等组成中共中央南方局，由张国焘任书记，张太雷任中共广东省委书记。当时，周恩来、彭湃等人正在率领南昌起义队伍向广东进发。于是，中央规定，在周恩来未到职以前，由张太雷、杨殷等组织临时的南方局，负责准备广东等地区的暴动及一切政治军事事宜。

八七会议后，张太雷立即日夜兼程南下，领导广东暴动准备工作。于8月19日到达香港，与原广东区委有关同志杨殷、阮啸仙等取得联系。8月20日，他根据中央临时政治局的指示，召开成立广东省委的筹备会议，并在会上传达了八七紧急会议精神以及中央对广东工作的指示。会议一致通过完全接受八七会议决议案，积极准备组织武装起义，配合南昌起义大军夺取广东，建立工农民主政权，武装反抗国民党反动派的血腥屠杀。会议还详细讨论和制订了暴动计划，决定分别组织广州、北江、西江暴动委员会，通过了暴动口号、暴动时的军事编制、工作大纲等。

在准备过程中，张太雷随时向中共临时中央报告筹备情况，根据中央指示，一步步地筹备包括广州起义在内的整个广东的暴动工作。

南昌起义部队在周恩来、朱德、贺龙、叶挺等同志领导下，一路南下。因为广州起义的计划包括对南昌起义大军的配合，所以，接应、配合南昌起义军南下就成为张太雷领导筹备广东暴动的工作内容之一。9月19日，张太雷秘密从香港来到潮州，向南昌起义前委传达八七会议精神，并领导潮汕人民武装起义。他发动潮汕铁路工人起来罢工，挖断路基，使汕头的敌人无法运兵到潮州增援；他还发动潮汕地区的商民、店员举行罢市；并领导浮洋区的农民自卫军举行武装起义，围攻徐陇、洪港等地的封建地主堡垒达三天三夜，一直坚持到起义大军到来时，互相配合消灭了敌人。潮汕地区的工农赤卫队，还占领了敌人的警察署以及国民党的重要机关，打开监狱，释放了被囚禁的共产党员和革命群众。

南昌起义军到达汕头后，张太雷又把潮汕地

区的铁路工人组织起来，连夜抢修铁路，以供起义军使用。当地农民军也配合起义部队击垮了铁路沿线的反动民团武装。在汕头，张太雷向周恩来、李立三等传达了八七会议精神，并转达了中央临时政治局的决定，将南昌起义后建立的中国国民党革命委员会改为苏维埃，放弃中国国民党的旗帜，改树镰刀斧头的红旗，由我们党单独领导革命。

在国民党反动派疯狂反扑下，南昌起义部队于9月30日撤出汕头。张太雷再次到达香港。10月15日，他在香港主持召开南方局和广东省委联席会议，他在报告中总结南昌起义部队在广东失败的教训，提出，“以前还是用国民党旗帜去号召，以后便不要了。改用红旗，以前只限于宣传苏维埃，以后便要真正建设工农兵代表会”。“军队一律改工农革命军，指挥在参谋团，实则直接受南方局指挥”。

为更好地筹备广东的起义，迎接新的战斗，会议改组了南方局和广东省委，把在南昌起义时阻挠起义举行的张国焘清出南方局，南方局由张太雷、周恩来、恽代英等6人为委员，下设军事委员会，由周恩来、张太雷、杨殷等负责。广东省委仍由张太雷任书记。这样，张太雷就把南方局和广东省委的担子都挑了起来。他深感责任重大。

会后，张太雷立即主持召开了南方局和广东省委联席会议，然后离开香港，前往汕头，一方面处理南昌起义军善后事宜，一方面加紧筹备广州起义。

就在张太雷紧锣密鼓地准备在广东地区发动暴动的时候，1927 年 11 月，粤、桂军阀之间为争夺地盘爆发战争。张发奎的粤军主力调往肇庆、梧州一带，广州市内兵力空虚，出现了发动起义的时机。以张太雷为书记的中共广东省委根据中央的指示，加快了组织起义的步伐。

11 月 26 日，张太雷主持召开广东省委常委会议，他在会上指出，广东军阀张发奎与桂系军阀是一丘之貉，决不能对他抱任何幻想，决不能与他妥协，我们党只有独立领导革命战争，发动工农兵群众夺取政权，才有出路。这次会上，成立了指挥起义的总指挥部——革命军事委员会，张太雷任总指挥。

11月28日，广东省委发出《中国共产党广东省委员会号召暴动宣言》，提出："决战的时间快到了！"在张太雷领导下，广东省委还出版了《红旗》，印发了大量传单，积极鼓动广大人民群众参加起义。

在白色恐怖笼罩下的广州城，张太雷把生死置之度外，紧张忙碌地工作着。为动员工人参加起义，他走进广大工人中间开展宣传鼓动工作。在停泊在沙面白鹅潭的一艘邮政船上，召开了秘密的广州工人代表大会的负责人会议，传达和部署起义的有关决定。为了掩护，张太雷穿一身藏青色长衫，戴一副金丝厚玻璃眼镜，胸前横挂着细长的金表链，打扮得像个洋行职员。他告诉工人朋友们："同志们，好事近！咱们决定在广州举行工农兵大暴动！"

一听说暴动，大家都凑过去，把张太雷围在中间，热烈地议论开了。有的说："报仇的时候到了！"有的说："广州早就该赤化，还等什么呢！"有的说："只要弟兄们知道这事，会高兴得半夜爬起来！"大家都不敢放大声，只好把拳头捶在船板上，有的互相之间拳对拳地笑着，兴奋地眨着眼睛。还有人问："什么时间动手？"

张太雷听着大家的议论，等大家安静下来，他平静地说："这个动手的时间，我也说不准。反正是要暴动！你们知道，咱们忍耐够了！国民党太狠心！上海杀不够，又在广州开刀。难道我们就一天天背着手等着倒霉吗？不！共产党不是泥巴捏的，那么好欺侮！现在你们都知道，毛泽东同志在湖南领导了秋收起义，打得多热闹！多痛快！真是了不起，世界都像翻过来了！"

张太雷的话，平静而有感情，声音虽然不大，但给人一种激昂、有力、沉着而又自信的感觉。说到最后，他慢慢站起来，两手不停地比划着，大家听着他的话，都受到了感染，跃跃欲试，恨不得马上拿起刀枪与敌人战斗。

张太雷看到大家群情激愤，他更加冷静，把金丝眼镜取下来，用手帕抹了抹镜片，又再次戴上，告诉大家："暴动可是个大事情！同志们，一点也急不得，省委决议，要大家从现在起，积极进行预备工作。"接着，张太雷和大家一起讨论了暴动前后，需要工人们做的准备工作，积极训练工人、组织革命武装，打击黄色工会和反动派的傀儡工人改组委员会，以及宣传发动工人群众等。

张太雷还领导广东省委，通知各地党组织，准备发动农民起义，与广州起义相配合，相继派出张善鸣、阮啸仙、赵自选等人分赴省内各地，组织农民武装，准备配合广州起义。还加强了与彭湃率领的海陆丰农民起义军的联系，要他们尽快向惠州方向移动，以便与广州相呼应，争取与广州迅速连成一片。还通知正在湖南、广东边界活动的朱德、陈毅率领的部分南昌起义部队赶紧南下，准备参加广州起义。

发动工人、农民参加起义准备工作的同时，张太雷十分重视对张发奎军队的争取工作，认为这是夺取起义胜利的一项重要保证。在国共合作的大革命里，张发奎表现得比较革命，他的军队里有不少共产党员和进步青年。张发奎第四军中的教导团和警卫团都是在共产党人叶剑英领导和掌握之下。广州起义之前，张太雷亲自召集教导团的部分同志举行秘密会议，介绍国内革命形势和党的政策，并对起义工作进行具体安排。12月4日，他在广州东郊黄花岗七十二烈士墓旁，召集教导团、警卫团等单位党团员和积极分子举行秘密会议，向大家作了当前形势及广州敌我情况等问题的报告，要求大家分工联系周围群众，加紧做好全体革命官兵的思想发动工作，并仔细调查和严密监视团内反动分子的活动。

起义时间原定于1927年12月12日。可是，在这之前，广州市内小北直街秘密储藏武器的大安米店被敌人破坏；张发奎部队教导团内的反动分子也闻讯告密。在上海的汪精卫接到密报，连夜派他的老婆陈璧君赶赴广州，令张发奎迅速解除教导团的武装，镇压工人赤卫队，搜查各地工会。9日，汪精卫再次电令张发奎立即行动。张发奎密令第四军军长黄琪祥立即由前线返回广州，镇压起义。

在这紧急时刻，张太雷迅速于12月10日召开革命军事委员会紧急会议，当机立断把起义时间提前到12月11日凌晨。

12月11日凌晨2时许，张太雷和工农红军总指挥叶挺、秘书长恽代英以及工人赤卫队的代表等，来到教导团驻地四标营，全团官兵1000多人举行誓师大会，张太雷作起义动员。他说："今天夜间，我们要在广州举行暴动，要打倒国民党反动派，完全解除敌人在广州的武装，成立广州苏维埃政府。教导团是暴动的主力，你们要勇敢战斗，完成我们党交给的任务！"工农红军总指挥叶挺宣布了起义的战斗部署和教导团各营的战斗任务，宣布了各营、连、排的指挥员名单。

凌晨3时30分，随着三声炮响和一阵信号枪响，震惊中外的广州起义爆发了。教导团全团官兵分三路投入战斗。同时，警卫团革命官兵亦分两路出发。在广州各处集中待命的工人赤卫队，听到教导团发出的排枪信号后，纷纷举起红旗，手持梭镖、大刀等武器，按预定目标向反动派进攻。不到两个小时，即占领珠江北岸大部分地区。红旗到处飘扬，标语贴满大街小巷，转瞬之间，广州由白色恐怖的城市变成了红色的革命城市。

11日黎明，张太雷在广州原公安局的会议室，召集了广州苏维埃政府成员和工农兵执委会第一次会议。他庄严宣布："广州苏维埃政府成立

了！”他还说：“中国工人阶级处在几重压迫之下，身受的痛苦太多太重了。今天正好起来，挣脱身上枷锁，打断手脚上的镣铐，扬眉吐气，抬头做主人！”

张太雷还宣读了广州苏维埃政府对内对外政纲，接着，由叶挺报告军事情况，杨殷报告肃反情况，周文雍报告工人赤卫队情况，恽代英宣读《苏维埃告民众书》。然后，大家一一进行了认真讨论，通过了各项决议。张太雷当选为广州苏维埃政府代理主席，兼人民海陆军委员。苏维埃政府提出“打倒帝国主义”“打倒军阀”“镇压地主豪绅”的政治纲领，颁布了工人实行八小时工作制，一切土地归农民等法令。

广州起义爆发后，敌人在帝国主义军舰掩护下，向革命势力疯狂反扑。由于敌我力量悬殊，起义军不可能坚守广州。起义当天晚上，叶挺主张把队伍拉到郊外农村，但参加起义的共产国际代表诺伊曼却主张坚守广州，还大骂叶挺动摇，说广州起义是进攻的，应该“进攻进攻再进攻”。

面对争论，张太雷组织大家讨论，结果是坚

守广州的主张占了上风，导致未能及时把起义部队撤出敌人重兵占领的大城市，同时，也导致了张太雷的牺牲。

12日，广东工农兵各界群众在市内丰宁路西瓜园召开热烈庆祝广州苏维埃政府成立的群众大会。张太雷主持大会，他高声宣布："同志们！广州苏维埃政府成立了！"全场立即响起暴风雨般的掌声、锣鼓声和欢呼声，表达了人民群众的无比喜悦和对新的革命政府发自内心的真情拥护。在大会上，张太雷宣布了广州苏维埃政府的政纲、政府成员名单以及工农兵代表会议选出的代表等。会议结束后，张太雷满怀胜利的喜悦，返回起义总指挥部。

就在广州城内群众庆祝胜利之时，得到帝国主义支持的军阀张发奎调集部队回到广州，镇压起义军民。张太雷从西瓜园大会返回不久，听说敌人扑来，立即同国际代表乘车前往大北门指挥战斗。在这个过程中，不幸遭敌人伏击，张太雷身中数弹，壮烈牺牲，年仅29岁。

战友们将张太雷送到总部办公厅，他静静地

躺着，两手还紧握着拳头，仿佛要向那还未彻底肃清的反革命出击！“出师未捷身先死，长使英雄泪满襟”，张太雷是无产阶级的英雄，他是为工人群众和广大穷苦百姓的幸福而牺牲的！

张太雷用自己的青春、奋斗和生命践行了年少时发出的“愿化作震碎旧世界惊雷”的铮铮誓言。张太雷牺牲后，瞿秋白深情地写下《悼张太雷同志》，高度评价他的功绩，指出：“他死时，觉着对于中国工农民众的努力和负责；他死时，还是希望自己的鲜血，将要是中国苏维埃革命胜利之渊泉！”

张太雷是为争取民族解放和人民幸福而牺牲的。如今，张太雷为之奋斗和牺牲的理想已经成为现实，一个崭新的人民当家作主的社会主义的中国正屹立在世界的东方。在常州市天宁区清凉路子和里3号张太雷纪念馆内，张太雷的汉白玉雕像静静地坐落在故居的天井里，每天陪伴着来此参观瞻仰的后人，仿佛在鼓励大家，继续为天下人永远的真正的幸福而奋斗！

良好家风 立德树人

家风，影响着一个人的品质和行为。张太雷不但是无产阶级革命的领导者，在家庭中，他是儿子、丈夫、父亲，他孝顺母亲、关心妻子、关爱孩子。在他的教育和影响感召下，坚毅、勇敢、乐观、向上的家风代代相传，孩子们都成长为对国家和人民有贡献之人，小儿子还为革命事业献出了生命。一门满忠烈，父子双烈士，为我们树立了良好家风的榜样。

把大爱给予人民。张太雷具有深切的人民情怀，热爱和同情劳动人民。他在幼儿时期就跟随父亲在安源煤矿目睹了煤矿工人的悲惨生活。在外祖父家时，隔壁就是生产铁锅、犁头的鼎泰元作坊，小太雷经常看到工人们长年累月地在炉子边，冒着高温烈火吃力劳动的情景。在常州西郊小学读书时，每天都沿着运河走向学校，经常看到衣衫褴褛的船工、渔民紧张劳动的情景，他们悲惨的境遇让张太雷印象深刻，在幼小的心灵中埋下了同情劳苦人民、期望为他们改善生活的梦想。曾有人回忆起一个很生动的事例。有一天，张太雷和朋友一起在街上走，一个正在拉车的黄包车工人帽子被风吹走了，张太雷急忙跑去帮工人师傅捡起来，而且帮他戴好。朋友问张太雷为什么要这样做，他回答说："他把车停下去拾帽子是要费很多力气的，而我这样做是很容易的。"这件事虽然不大，但是反映出他对劳动人民的一片深情。他年轻时就树立了为劳动人民谋幸福的远大志向。据他的原配夫人陆静华回忆，他考上大学那年，有一位亲戚曾想把他介绍到一个小城市的银行里去做事。在旧社会，吃银行饭是一件很让人羡慕的事情，收入高，社会地位高。但他却说："我最恨铜臭十足的人和最不愿做铜臭气的事，有铜臭气的有钱人总是希望每一个人只大便不吃饭。大便可换钱而吃饭要费钱。"在从小学到大学的过程中，他家虽然只有一张床、一张桌子，桌子上还放着父亲的遗像。有人说他：“你在你父亲的供桌上吃饭是对父亲的不恭。”对这些流言，张太雷付之一笑，他说：“如果爸爸活着，不也和我在一桌吃饭做事的吗？”他在放着父亲遗像的桌子上学习，就当是父亲在时刻督促着自己进步。

以孝心善待母亲。张太雷对母亲非常孝顺，上学时，每年暑假回家，他总是抢着帮助母亲做各种家务。因为父亲早逝，家庭贫困，母亲经常暗自伤神。张太雷经常开导母亲，使她不过分忧伤。因为家里穷，经常没有菜吃，张太雷在家时，一日三餐经常是先让母亲吃，自己只吃腌菜泡饭，过年过节有一点菜时，也总是让母亲先吃。他从小到大，基本上都是穿母亲从亲戚家要来的旧衣服，从不向母亲提出别的小孩子希望得到的任何东西。张太雷娶妻进门后，有时候，婆婆曾因为一点小事责备儿媳妇，媳妇想不开，伤心哭泣。张太雷就劝慰妻子，要体谅老人家的情绪不好，不要放在心上，如果母亲批评得不对，等事情过去后再慢慢和她讲，不要当面和她争吵。张太雷的这些话对于家庭中母亲与媳妇关系的融洽和谐起了很大的作用。后来，当他成为一个职业革命者之后，常年在外紧张工作，不能时常回家看望母亲，但他时刻把母亲记在心上。1921 年他第一次去苏俄，回国时专门给母亲带了一条白色的羊毛毯子。后来其母亲病重瘫痪，经常把这条毯子盖在身上，以示对儿子的想念。1922 年他忙于在祖国各地为革命事业奔走不停，正值母亲患病。他经常写信、寄药品回家，希望母亲能早日康复。他经常在信中叮嘱妻子："我是非常爱母亲的，但是我已把自己的一切贡献给革命事业，我不能常在母亲身边，希望你能代我侍奉母亲，我是非常感激你的。"

以温情善待妻子。张太雷的原配夫人陆静华，是经人介绍认识的。结婚在即，张太雷家却没有自己的房子，母亲只好去向亲戚求援，才在常州南门郊外清凉寺附近找了两间房，这是他们一家从江西安源煤矿回到常州后，第一次有了自己的家。当时清凉寺一带是很偏僻的地方，周围没有几座房子，距离家门很近的地方，就是清凉寺门前的影壁，近旁有一座废弃的土地庙，太阳落山后，行人少见，野狗乱窜。一到傍晚，家里人都不敢出门。张太雷与妻子婚后，虽然聚少离多，但他很关爱温柔贤淑且聪慧过人的妻子。他当时还在北洋大学读书，每逢假期，他就回家帮母亲和妻子料理家事。那时候，大学生很少，在乡里人中就跟当大官差不多了。但张太雷没有一点大学生的架子，回到家后，就换上短衣短裤，光着脚，和妻子一起参加各种劳动。劳动之余，他还教妻子读书，经常买书给妻子研读，还鼓励妻子学习中国书法和绘画、缝纫，以谋自主。陆静华在丈夫帮助下，从粗识文字到能写书信，能阅读古典小说，文化水平有了很大进步。陆静华是一个非常坚强而且有责任感的女性。张太雷牺牲后，组织上曾动员她带着孩子去苏联。但她考虑到，要代替张太雷照顾瘫痪在床的母亲，太雷牺牲了，她要替丈夫承担起责任。于是，她拿着组织上给的一些救济费，毅然回到了常州，靠帮人刺绣、缝补衣服等手工劳动，供养婆婆，抚养子女，勉强度日。

在张太雷短暂的人生中有过两次婚姻。1925

年春，在特殊的年代里，张太雷与王一知结为秦晋之好。王一知，原名杨代诚，1901 年出生于湖南芷江侗族一个封建家庭，1915 年离家前往湖南桃源省立第二师范求学，与蒋冰之（丁玲）、王剑虹（瞿秋白爱人）是同窗好友，后进入中国共产党创办的上海平民女校读书，后来又到广州革命根据地工作。在求学和工作的过程中，她思想不断进步，加入了中国共产党，成为张太雷革命事业的忠实伴侣。在张太雷思想的天平中，永远把工作放在第一位。1927 年，张太雷在大革命失败后的危机关头担任中共中央临时政治局常委。面对革命的暂时失败和严重的白色恐怖，他没有张皇失措，也没有丧失丝毫的锐气，他对叛徒们的行为切齿痛恨，对未来革命一定会胜利充满信心。他对王一知说过这样的话："无论怎样，最后的胜利总是属于我们的。我们的失败只是暂时的。"他担任临时政治局常委职务时，王一知已经怀孕，正是需要人照顾的时候。而张太雷工作实在是太过繁忙，没有时间照顾她。他告诉妻子，现在有很多的事情要做，要她自己到上海去生产。王一知理解张太雷以革命事业为重，挺着快要临盆的大肚子到了上海。到上海后，10月在法租界租到房子，10月19日搬进去。也许由于过度劳累，第二天，孩子就出生了。孩子出生后几天，张太雷才在接应南昌起义队伍后经潮汕地区转香港回到上海，这才见到刚出生的孩子。他们为这个婴儿起名为“知春”。在孩子刚满月时，张太雷被组织安排到广州领导起义。动身那天，他凌晨4点多就自己提着一个箱子出门了。他没有惊动家里人，想要起床送他的王一知也被他按在床上休息，他实在不忍心劳累妻子。王一知只好看着张太雷走出家门。没想到这竟是夫妻两人最后一次见面。

以爱心抚育子女。张太雷与陆静华所生的3个子女，分别于1920年、1922年、1923年出生在常州。张太雷为人民解放事业而奔忙，很少与子女们见面。他牺牲时，3个孩子分别只有7岁、5岁、4岁。1923年他在上海工作时，曾把陆静华和孩子们接过去住了一段时间，这是他们小家庭很短暂的一段相聚，这也是他们全家在一起生活最长的一段时间。在上海，他们一家住的是中共中央的机关宿舍，与蔡和森、向警予、瞿秋白等成为邻居。孩子们难得与父亲在一起度过了一段愉快的时光。住了不到一年，因张太雷在常州的母亲患病，陆静华只好带着孩子回了常州。虽然不常见面，但张太雷经常给她写信，在信中，他述说自己投身革命的心路历程，询问孩子们的情况。孩子们长大成人后，从这些信中，感受到深沉的父爱。张太雷牺牲以后，陆静华忍着难以抑制的巨大悲痛，带着张太雷的母亲和 3 个孩子，在白色恐怖和经济窘迫下，过着极其艰难的生活。张太雷的孩子继承父亲遗志，先后参加了革命。特别是儿子张一阳，在 1941 年皖南事变中被国民党军队杀害，为中华民族的解放事业献出了宝贵的生命，牺牲时只有 18 岁。张氏父子真称得上是革命一家，父子英烈。

结束语

写作这本关于张太雷革命故事的小册子时，正值国庆前夕，举国欢庆，北京街头，全国各地，到处洋溢着节日的气氛。此时，距张太雷牺牲已经93 年。将近百年时光过去，我们党不忘初心、牢记使命，团结带领全国各族人民战胜了一个又一个艰难险阻，创造了一个又一个彪炳史册的人间奇迹，中华民族迎来了从站起来、富起来到强起来的伟大飞跃。

首都北京，是张太雷从事革命活动时经常到的地方。看着满大街张灯结彩庆祝国庆，比过年还要高兴，是啊，中国人民过上了新的生活。这种新的生活，是张太雷一直憧憬并为之奋斗、为之牺牲的新生活啊。

张太雷热爱生活，兴趣广泛。他不是那种除

了革命工作，其他一概不知的冷面人。上学读书期间，他就非常热爱体育锻炼。他工作起来不知疲倦，废寝忘食，但若有一点空闲时间可以休息，他也会玩得兴高采烈。他兴趣广泛，对下棋、打球、听戏、郊游都有浓厚兴趣。所以，他身强力壮，精力旺盛，充满青春活力，工作和游戏都生龙活虎，游刃有余。在广东时，他一有空闲，就会和同志们一起到广州市郊，或到珠江泛舟。他热爱祖国的山山水水，一草一木，一河一水，都能把他吸引住，舍不得离开。他愈热爱祖国的大好河山，就愈是愤慨祖国受到帝国主义和军阀的践踏宰割，革命意志就愈坚强。对于城市的喧嚣，他也非常热爱。他经常站在工作的屋顶花园俯瞰广州市容，见行人熙熙攘攘，看街道车水马龙，更唤起他对生活的热爱，对人民的热爱。他经常对同事们说："生活多可爱呵！我们将来的新社会，一定比现在更美好！"在莫斯科工作时，他在闲暇时间经常漫步莫斯科的旧书店，收集西方文学艺术书刊。他有时与李大钊、罗亦农、罗章龙等同事一起去郊游，大家自带饭食，席地而坐，纵论政治、经济、文化、艺术等问题。张太雷知识面非常宽泛，他对于当时世界的雕塑、舞蹈、歌剧等都能娓娓道来，并给以见解独到的分析评点。他的知识渊博和才华横溢得到党内同志公认，李大钊就曾称赞他“学贯中西，才华出众”。

是啊，生活多可爱呵！新社会的生活多美好啊！看着北京天安门广场的鲜花，不禁再一次想起张太雷在百年前对美好生活的憧憬。烈士啊，你可以安息了！在革命年代曾经憧憬并为之献身的更美好的新社会，已经在我们中华大地上实现了。在张太雷牺牲 22 年后的 1949 年，毛泽东同志在天安门城楼庄严宣告：中华人民共和国中央人民政府今天成立了！在张太雷牺牲 51 年后的 1978 年，中国开启了改革开放的征程，创立了中国特色社会主义道路；今天，中国特色社会主义正在新时代的伟大征途上阔步前进。

今天，我们可以自信而豪迈地说：这盛世，如你所愿！

今天的中国，信息畅通，公路成网，铁路密布，高坝矗立，西气东输，南水北调，高铁飞驰，巨轮远航，飞机翱翔，天堑变通途。这，不正是张太雷同志所期盼的“真正的永久的幸福生活”！

短短几十年时间，当代中国实现了从落后时代到赶上时代、引领时代的伟大跨越，中华民族迎来了从站起来、富起来到强起来的伟大飞跃。回望来时的路，这条路是包括张太雷在内的无数的革命先烈用鲜血和生命铺就的。走得再远，走到再光辉的未来，我们也不能忘记为我们今天的幸福生活作出卓越贡献和英勇牺牲的革命先烈。

谨以此为记。

图书在版编目（CIP）数据

张太雷 / 张树军主编；徐玉凤编著. -- 北京：学习出版社，2020.9（2023.11重印）

（中华先烈人物故事汇）

ISBN 978-7-5147-0997-1

Ⅰ.①张…　Ⅱ.①张…　②徐…　Ⅲ.①张太雷（1899-1927）—传记　Ⅳ.①K827=6

中国版本图书馆CIP数据核字（2020）第149834号

张太雷

ZHANG TAILEI

主编/张树军　副主编/王相坤　编著/徐玉凤

责任编辑：苏嘉靖　　封面绘画：徐玉华
技术编辑：刘　硕　　内文插图：刘胜军
美术编辑：杨　洪

出版发行：学习出版社
北京市东城区崇外大街11号新成文化大厦B座11层（100062）
010-66063020　010-66061634　010-66061646
网　　址：http://www.xuexiph.cn
经　　销：新华书店
印　　刷：固安县铭成印刷有限公司

开　　本：787毫米×1092毫米　1/32
印　　张：4.75
字　　数：67千字
版次印次：2020年9月第1版　2023年11月第8次印刷

书　　号：ISBN 978-7-5147-0997-1
定　　价：19.00元